爆買いの正体

【爆買い観光客】

日本の家電量販店でレジに殺到する中国客

ドラッグストアで大量買いした後、ひと休憩する観光客

「爆買い」した炊飯器を、子どもが見張っている（24 ページ）

空港では、山積みの段ボールを持ち帰る姿が見られる（29 ページ）

【著者の選ぶ日本のクスリ「トップ 10」】

(40 ページ~)

ウナクール

キャベジン

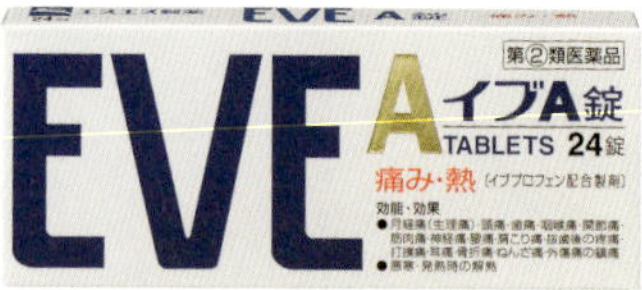

イブ A 錠

サンテ FX

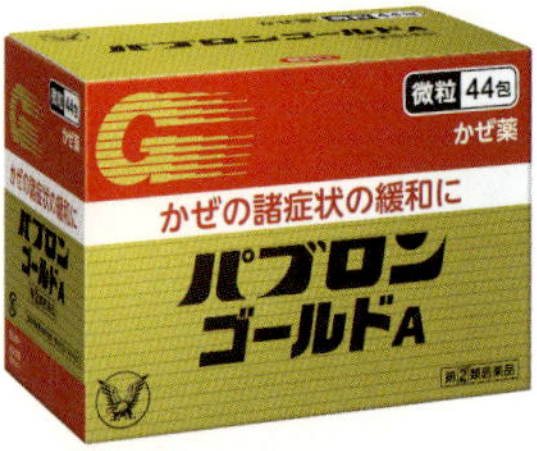

パブロンゴールド A

口内炎パッチ

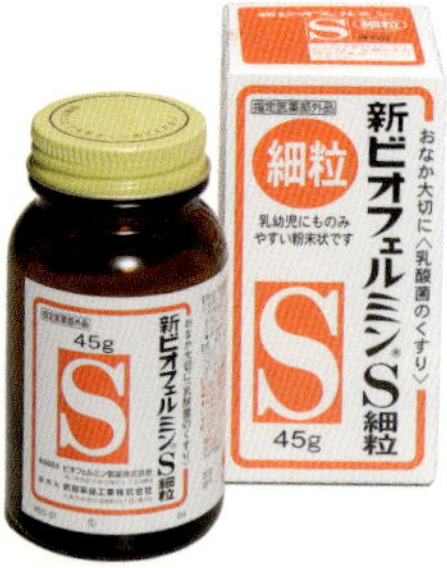

新ビオフェルミン S 細粒

メンソレータム AD

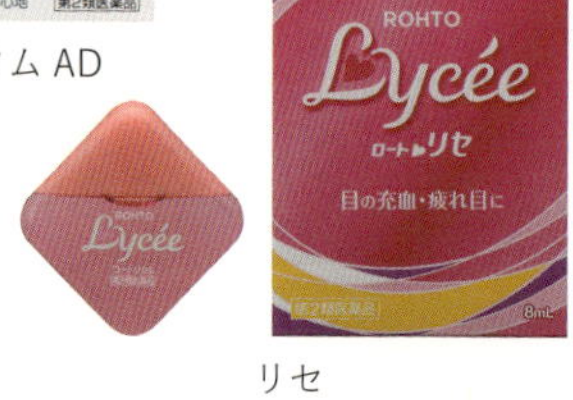

リセ

大正漢方胃腸薬

【神薬《かみやく》】

（76 ページ～）

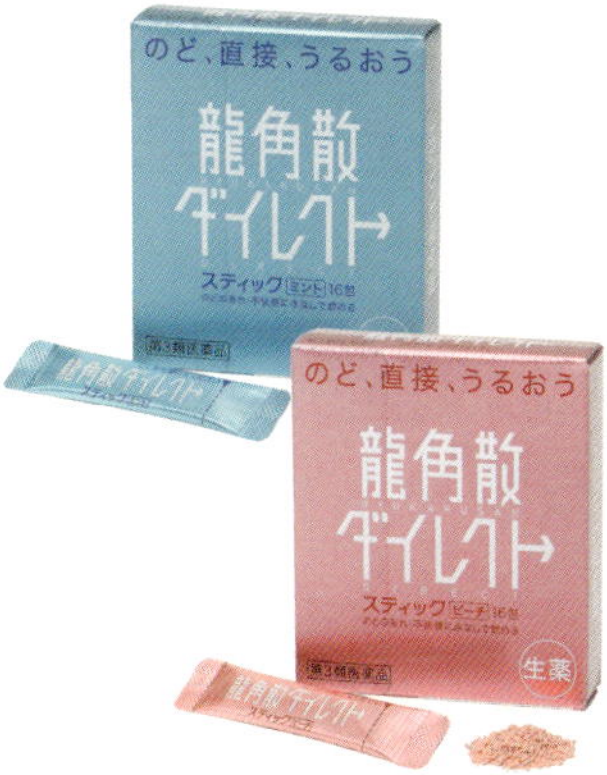

著者が台湾で出版した『東京ドラッグ＆コスメ研究購入』（上）は、中国で翻訳出版され（下）、爆買いに火をつけたとされる

“神薬”と呼ばれて中国客がまとめ買いする「龍角散ダイレクト」（上）と「サンテボーティエ」（右）

【感動の秘話をもつ日本の家庭薬】

（121 ページ～）

仁丹

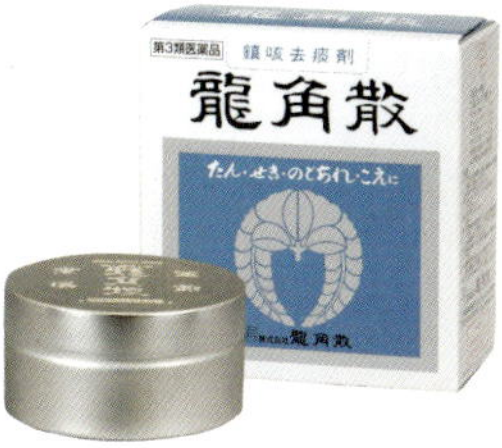

龍角散

キンカン

宇津救命丸

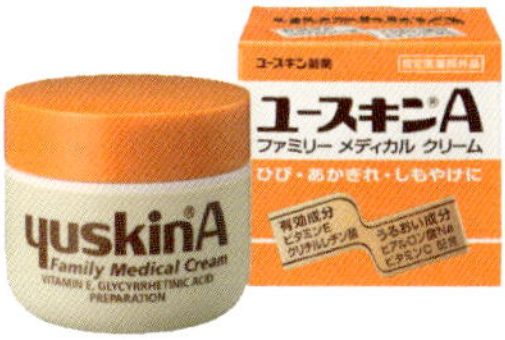

ユースキン

台湾を走る電車内には、日本のアニメ文化の影響が見られる（97 ページ）

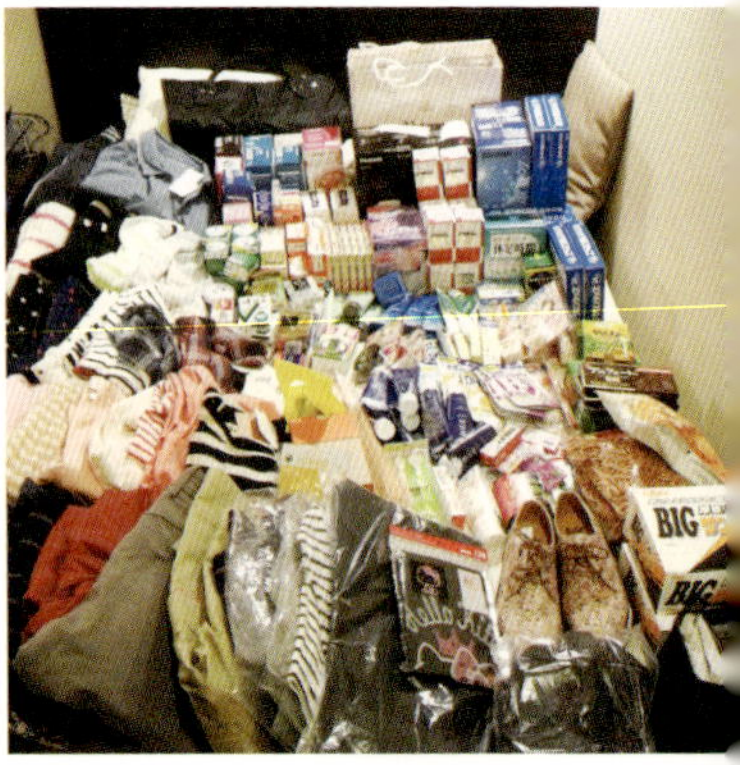

台湾人の女性が、日本で買ったお土産（50 万円以上！）を自慢する Facebook の投稿画面（20 ページ）

台湾で行われた「旅行博覧会」では、日本のブースがいちばんの盛況を見せた

【台湾と日本】

台湾で著者（向かって左端）が主催する「日本のクスリ＆コスメ」セミナーは、いつも熱気に満ちあふれている

爆買いの正体

台湾人翻訳家／日本薬粧研究家
鄭 世彬【著】
インバウンド評論家
中村 正人【構成】

飛鳥新社

はじめに

日本人の驚きと、私たちの驚き

いま日本では、中国人観光客の旺盛な消費力が、注目されています。マツモトキヨシなどのドラッグストアをはじめ、家電量販店、百貨店、コンビニまで、あちこちにあふれる中国語の商品ポップ。読者の方々の多くは、店でごった返す中国人のド派手な買い物姿を、驚きをもって見つめておられたに違いありません。

でも、台湾人や中国人からすると、それらを「爆買《ばくが》い」と呼ばれても、実はあまりピンときません。日本で関心を持たれていることに、かえって驚いているくらいです。歴史的な背景や民族性などの理由から、私たちはもともと多くのモノを、一時《いっとき》にまとめ買いする習慣があります。確かに、ここ数年の円安によってこの習慣が勢いづいた面もありますが、「爆買い」は私たちが旅行に出かけるときにはいつでもやっている、ごく普通のことなのですから。
さらに、いまのようにインバウンドが盛り上がるずっと以前から、私たち台湾人は、すでに日本で「爆買い」をしていました。当時は日本のメディアに注目されていなかっただけで、いち台湾人として、少し寂しく思わないではありません。確かに、全人口では中国にはかないません。しかし、台湾人は年に何回も日本を訪れる、熱いリピーターだらけなのです。

それを表すように、2015年には、約370万人の台湾人が、日本を旅行しました(中国人は約500万人)。台湾の人口は約2350万人なので、およそ6人に1人が、日本を訪ねています。理由はもちろん、多くの台湾人が日本のことを大好きだからです。

本質を見逃している「爆買い」報道

私の本業は日中翻訳家です。
そして、同時に「日本薬粧《やくしょう》研究家」でもあります。
「日本薬粧研究家」というのは耳慣れない肩書かもしれませんが、読んで字のごとく日える本の「薬」と「化粧品」を研究し、紹介する仕事です。これまで台湾や中国で、11冊の著書を出版しました。私の経歴については、本書を読むうちに、追い追いわかってもらえると思います。

2015年は、そんな私にとって大きな転機となりました。

同年の新語・流行語大賞を受賞した「爆買い」は、日本のメディアをにぎわせました。特に日本のクスリやコスメの情報を、私がいち早く中国語圏で発信していたことで、「爆買いの仕掛人」「火付け役」などと呼ばれるようになったからです。

私には、難しいマーケティング理論はよくわかりません。ただ、もともと自分自身が「日本製品」をこよなく愛するユーザーのひとり。台湾で生まれた私は、子供の頃から、日本の製品やアニメなどの文化に囲まれた環境で育ちました。実はそれは、私ひとりに限った話ではなく、私と同じ30〜40代の台湾人に共通する経験でもあります。ですから、「爆買い」をする外国人たちの購買心理が、手に取るようにわかるのです。

世間では、中国経済の減速がインバウンド市場へ悪影響を及ぼすのではないか、と騒がれています。しかし、それらの分析は、本質をつかめていません。いわゆる「爆買い」は、決して一過性の現象ではないのですから。

一方で、台湾人と中国人の行動には、かなり違いもあります。本書では、その特徴をあますことなく分析しました。彼らの購買行動の背景には何があるのか。どうして特定の商品をまとめ買いするのか。なぜ日本のクスリが「神薬《かみやく》」と呼ばれるのか。「爆買い」は続くのか。できる限り、わかりやすく紐解いてみたつもりです。

また本書では、私の観察に基づいた、日本の美点やすばらしさにも触れています。多くの場合、日本人にとってそれは当たり前のことで、その良さに気づいていないようです。しかし、私たち台湾人は違います。いつも驚きや憧れの目で見つめてきたのです。そんな台湾人にも、もっと注目してほしい。そのために、「日本への想い」と「台湾人の本音」も書かせてもらいました。本書を通じて、より多くの日本の方々に私たちのことを知っていただければ、著者としてこれ以上の喜びはありません。

鄭世彬《チェンスウビン》

爆買いの正体◆目次

2章 日本人が知らない日本のすばらしさ

3章 私が「爆買いの仕掛け人」になるまで　127

※本書に掲載した金額は、「当時」と表記のないものについては、1台湾元＝3・5円、1人民元＝18円で計算しています。
※中国語の読み方は、台湾での発音を採用しています。

1章

爆買いはこうして始まった

爆買いは「ことわざ」にもなっている普通の行動!?

日本に来るまで、私は「爆買《ばくが》い」ということばをまったく知りませんでした。中国人観光客がドラッグストアや家電量販店に大挙して押し寄せて、日本のクスリやコスメ、美容・健康商品、炊飯器、温水洗浄便座などを大量に買うことだと日本の友人から聞きました。とにかくその量がハンパではないと。棚に置かれた商品をひとりでごっそり買い占めるような人もいたとか。後日、日本のメディアが盛んに報じているのを知って、なるほどと思ったのです。

これには日本の人たちも驚いたことでしょう。日本には自国にいいものがたくさんあるから、海外でこの種の日用品を買う習慣はないし、消耗品はいったん使い切って、なくなりそうになったら新しいものを補充するというのが普通だから。どうして中国人はこんなに買うのか？　ずいぶんお金を持っているなあと。

でも、台湾人の目からみると、中国人観光客の爆買いは、自分たちも普段からしているまとめ買いのようなもので、そんなに特別なことではないと思いました。実はそれが正直な感想だったのです。

中国語のことわざに「**防範未然**《ファンファンウェイザァン》」があります。これは「後で困らないよう事前に備えておく」という意味です。中国では2000年以上前から王朝が変わるたびに社会が混乱したり、多くの自然災害に見舞われたりしたことから、一般庶民の間に普段から食料や日常の生活必要品を確保しておかなければならないという考えが身についています。だから、**買えるものは買えるうちに買っておきたい**。子供の頃の両親を思い出しても、食料品などをしっかり備えておくという姿が記憶に残っています。台湾のテレビの時代劇にもそういうシーンがよく見られます。1949年に成立したいまの中国も、70年代まで続いた文化大革命などの混乱期を長く経験してきただけに同じでしょう。

こうしたことから、台湾では自分の好きなものや日用品を見つけたら安いうちに、また買えるうちに買いためておくという習慣が定着しているのです。いつまた買えなくなるかもしれないというおそれがどこかにあるからかもしれません。台湾や香港、中国などといった中華圏の人たちにとって**買いだめは本能そのもの**なのです。

台湾では「爆買い」が恒例行事に

台湾では毎年10〜12月になると、「**周年慶**」または「週年慶」と呼ばれるバーゲン（歳末セール）が各地の百貨店で開かれます。日本ではバーゲンというと、季節の変わり目ごとの衣料をメインにしたセールをイメージすると思いますが、周年慶はただの歳末セールではなく、年に1度台湾全土が盛り上がるお祭りなのです。

この時期、全国の百貨店では衣料品から家電製品、日用品、食材まで、あらゆるものが3〜6割にディスカウントされます。なかでもメイン商品はコスメで、台湾の女性たちはこの機を逃してはならないと半年分、1年分をまとめ買いします。

周年慶に百貨店がにぎわう様子はテレビで毎年放映されます。国民みんなが関心をもつことだからです。ニュース映像では、30〜50代の女性を中心に人気のフロアは多くの人でごった返しています。事前に配布されたお買い得商品を満載した分厚いパンフレットを手にしてみんながお目当ての商品を目がけて殺到するのです。

百貨店側もあの手この手で売ろうとします。人気商品をまとめたセット販売やいくら以上買ったらこれだけキャッシュバックなど、カード会社と組んでさまざまな特典やお得サービスを繰り広げます。

台湾のテレビ報道によると、2015年の新光三越の台湾国内の主要な6店舗の周年慶の**初日だけの総売上が56億円**（当時、14億台湾元）だったそうです。まさに爆買いですね。台湾人の平均収入は日本人の3分の1くらいですから、すごい数字です。そういえば、15年の春節に三越銀座店の1日平均の売上が前年の3・3倍になったというニュースを見ました。そのうち4割が免税売上で、顧客の多くが中華圏の人たちだそうですから、まるで周年慶みたいです。

台湾では爆買いは毎年の恒例行事なのです。最近では、中国の都市部でも、台湾の影響を受けて「周年慶」と銘打ったセールが繰り広げられています。

「周年慶」では百貨店の開店前から人々の熱気があふれる

50万円出しても「日本製」に囲まれたい

でも、台湾ではいつでもバーゲンをやっているわけじゃない。その点、日本は台湾に比べると、**いいものはたいていい何でも安い**。特に日本製のクスリやコスメは台湾の半額近い気がします。たとえば、参天製薬の目薬『サンテFX』は台湾ではだいたい1050円（300台湾元）くらい。でも、日本のドラッグストアなら300円台で買えます。もともと関税や営業税（日本の消費税にあたる税）に加えて、販売業者のマージンも重なり、日本と台湾の「**内外価格差**」は大きくなります。中国でも同じような事情があると聞いています。特にここ数年の**円安**で驚くほど日本の製品は安くなった。

だから、台湾人にとって日本は毎日がバーゲンの国のように思えるのです。

それに日本に行けば、新発売の製品がいち早く買える。最近では台湾にも日本製のクスリやコスメがずいぶん入っていますが、やはり時間差があります。資生堂やコーセーなどのブランドの新製品はいまでこそ、日本とほぼ同時か2カ月後くらいには販売されますが、クスリは台湾の薬事法の関係で認可に時間がかかります。

訪日外国人客数の国別比較

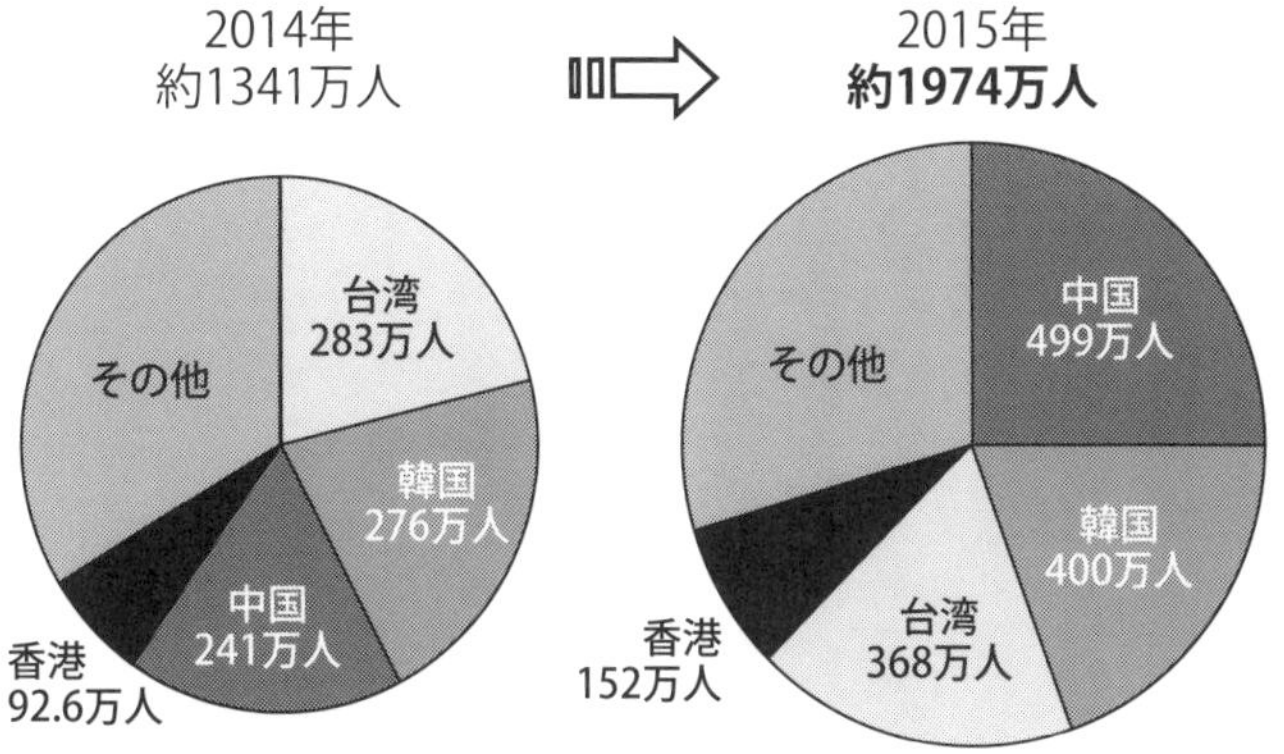

【出典】日本政府観光局 平成28年1月19日発表資料

私は日本に来ると、趣味と仕事を兼ねてドラッグストアめぐりをします。今回はどんな新製品が見つかるか。今年のトレンドは何だろうなどと思いながら、店を訪ね歩くことが楽しくて仕方ありません。

２０１５年、日本を訪れた台湾人旅行者は約３６８万人に達し、初めて３００万人を超えました。台湾を訪れる日本人の数よりはるかに多いのです。２３５０万人の人口なのに、どうしてそんなに多くの台湾人が日本を旅行するのか。それは台湾人が日本のことを好きだからですが、それに加えて、やはりいいものが安くてたくさん買えるということもあるからです。

ここ数年、航空便の自由化により日台を結ぶフライトが増え、ＬＣＣも次々と就航。渡航費用も格段に安くなったので、台湾人は日本に行きやすくなりました。15年は国土も人口も台湾に比べて何十倍も大きい中国に数では抜かれてしまいましたが、14年の訪日外国人旅行者数では小さな台湾がトップだったのです。

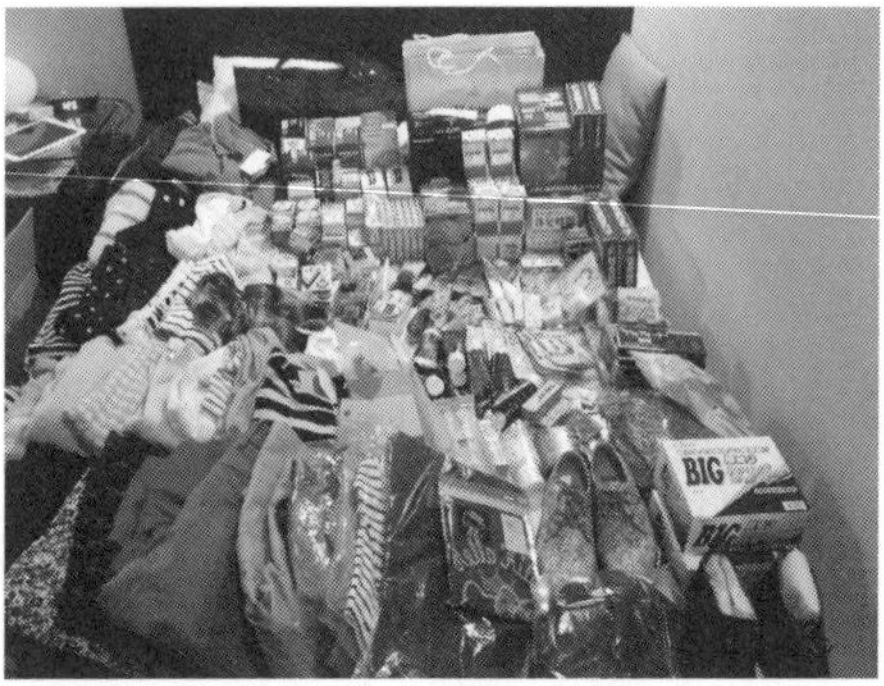
李さんがFacebookに投稿した日本で買った大量のお土産（口絵参照）

日本に旅行に来た台湾人が必ず撮りたがる写真があります。旅行の最後の日、ホテルのベッドに日本で買ったものをすべて並べて撮った記念写真です。「こんなに買ったよ」と自分の戦利品をフェイスブックに載せると、みんながそれを見て「これ何？教えて？」と注目を浴び、人気者になれるからです。誰よりもいち早く新製品を手に入れ、まだ誰も知らない日本の隠れたスグレものを発掘して自慢したい。それが楽しくてたまらないのです。

この写真を提供してくれたのは、台湾南部の屏東市在住の李さん（31歳）という大学の職員をしている女性で、私のフェイスブック会員のひとりです。

日本のファッションが大好きで、1年に1回（たまに2回）、お金を貯めて日本に旅行に行きます。このときも**約50万円も買い物に使ったそうです**。彼女の自慢は「日本の最新ファッションをアウトレットで安く購入したこと」。フェイスブックを見ている会員たちが注目するのもそのためです。「どこで買ったの？」「いくらで？」など質問が次々に飛び交います。彼女はクスリやコスメも大量購入しています。これは家族や友人に頼まれたものがほとんどだそうです。「**私は水と農産物以外は、すべて日本で買ったものを使っています**」と彼女は誇らしげに語ります。後ほど触れますが、そんな表現が誇張と言えないほど、台湾人の日常生活に、日本製品は欠かせない存在なのです。つまり、台湾人の爆買いが中国人と違うのは、クスリに限らず、あらゆるジャンルの商品を購入していることといえます。

中国人は「不信感」、台湾人は「ウワサ」が購入の動機

よく日本人から「中国人は何をそんなに欲しがっているの？」と呆れたような顔をして聞かれることがあります。「台湾や中国には売ってないの？」とも。

こうした問いに答えるひとつのキーワードは「**日本製**」です。みんな日本に来て、日

本製を買いたいのです。

台湾人に限らず、中華圏の人たちにとって日本製は**安心・安全と品質の高さの代名詞**です。ただし、台湾人と中国人では見方が少し違います。中国人の場合、国内では食の不安に常にさらされています。あらゆる売り場にニセモノが氾濫しており、何を信じていいのかわからない。中国には、国内の工場で生産された日本企業の製品もたくさんあるのですが、それすら信じられないというのです。徹底した**自国の製造業に対する不信**があります。しかし、日本にはニセモノがないらしい。そのウワサは、まるで自国不信の反動のように、口コミで広まり、強く信じられているのです。これが中国人観光客の爆買いの原動力になっています。だからこそ、百貨店やブランドショップで高級品をどっさりと買っていくのです。


一方台湾人の場合、自国に対してそこまで疑心暗鬼ではありません。たとえば、台湾の百貨店では高級ブランド品やジュエリーなどの宝飾類は普通に安心して買えます。またちにニセモノがまったくないとはいいませんが、少なくとも百貨店にはニセモノはない。中国人のように、どうしても日本で買わなければならないというわけではないのです。

それでも台湾人がわざわざ日本に来て日本製が買いたくなるのは、品質と価格がその理由です。クスリやコスメもそうですが、家電製品や特にカメラは日本で買いたいですね。台湾にも家電量販店はあるのですが、あまり魅力がありません。商品の種類は少なく、価格も日本に比べるとかなり高いからです。

台湾では、私が子供の頃から日本製の商品は「**海外輸出用より日本国内向けのほうが品質が良い**」というウワサがずっとあります。そのため、海外向けと国内向けの製品であれば、日本語の商品解説が読めなくても日本国内向けを買いたがる台湾人が多いのです。

日本の友人は「本当に品質に差があるの？」と不思議がりますが、台湾の友人に聞くと「やっぱり違うと思う」という声が大半です。日本人は普段から品質の高い製品に囲まれて暮らしているので気がついていないかもしれませんが、台湾人が実際に日本に来て日本の製品を手に取ると、細かな違いに気がつくことがあります。

あとで詳しく紹介しますが、台湾で販売される日本の医薬品メーカーのクスリの中には、台湾の薬事法による規制のため、日本で含まれている有効な成分が入っていないケースがよくあります。たとえば、ロート製薬の『メンソレータムＡＤ』は冬場の乾燥肌に効くかゆみ止めで、お土産としておすすめです。実は台湾製もあるのですが、日本

家電量販店で炊飯器をまとめ買いする訪日中国人。子供に見張りをさせて、親たちは遠くでおしゃべりに夢中（口絵参照）

製に入っているリドカインという局部麻酔剤が添加されていないため、かゆみ止めの効果が弱い。私の本の読者からも「なぜ台湾で買ったものはかゆみに効かないのですか」と質問されることがあるくらいです。ですから、私は読者に対して、台湾製で効果を感じられなければ、日本製を買うようにと話しています。台湾人はクスリに限らずモノを買うとき、成分をチェックする人が多く、成分が日本製と同じかどうかについてとても敏感です。

こうしたことからもわかるように、日本国内向け製品のほうが海外向けより品質基準が高いのではないかと考えている台湾人は多いのです。実際に台湾製と日本製の成分が一部異なり、薬用効果が違うとなれば、日本で買おうとするのは当然でしょう。

台湾には「日本で買った電化製品は壊れない」というウワサもまことしやかに信じられています。実際、私が10年以上前に買った日本製の炊飯器はまだ使えます。でも、最近我慢できなくなって日本の新しいタイプの炊飯器を買ってしまいました。日本の家電製品は日々進化しているからです。

日本製であれば安心・安全で高品質。中国人の場合とは理由が少し違っていても、その思いは台湾人も同じかそれ以上なのです。

なぜクスリはお土産に喜ばれるのか

とはいえ、なぜ自分に必要なまとめ買いだけでなく、そんなにたくさん誰かのために日本のクスリやコスメを買っていくのだろう？　きっと日本人はそう思うことでしょう。その理由については、こう答えるしかありません。**台湾人は面子が大事**だからです。台湾は小さな島国なので、みんな海外旅行が大好きです。そして、旅行に行くと、**お土産を周囲に配る習慣**があります。やっぱり自慢したくなるからです。それは自己満足みたいなものですが、買ってこないと自分でもしっくりこないのです。逆に誰かが海外旅行に行くと、周囲の人間は当然自分にお土産を買ってくるものと思い込んでいて、もしくれないものならガッカリしてしまいます。

台湾人は親戚とのつきあいが親密です。家族や友人にはもちろん、近所に住む親戚にもお土産を渡さないといけないので、自然に買う量が増えてしまうのです。

職場の同僚にもお土産は欠かせません。台湾は一般に**「関係《グァンシー》」がモノをいう社会**といわれ、人間関係を大切にすることで生活が成り立っています。特に職場の上司やお世話になっている人にどんなお土産を買っていけばいいか。これはけっこう悩みます。何を渡すかで自分が相手をどれだけ尊重しているかをはかられることになるからです。そのぶん、いいお土産を買ってくる人間は高く評価されます。「関係《グァンシー》」は中華圏全体に共通する概念で、爆買いの背景には間違いなくこれがあります。

そういう意味で、**最も手ごろで確実に喜ばれるお土産の代表が、日本のクスリやコスメ、美容・健康商品**なのです。

私が子供の頃、家には当たり前のように日本の常備薬がありました。1990年代に祖父が初めて日本旅行に行ったとき、山のようにお土産を買ってきたのですが、『太田胃散』や『龍角散』を買うのを忘れませんでした。当時は日本を旅行する外国人はそんなに多くはなかったそうですが、台湾人はその頃から日本で爆買いしていたようです。

日本のクスリをもらってうれしくない台湾人はまずいません。日本統治時代を知る祖父も「日本のものはなんでも質が良い。だから日本製を使いたい」といつも話していました。知らないうちに、そういう認識が私の中にも残っているのかもしれません。

もうひとつの理由は、台湾人や中国人の生活にとってクスリはとても身近な存在だからです。**漢方**の考え方に「**有病治病**《イオウビンズビン》　**無病強身**《ウービンチャンシェン》（病気のときは病気を治し、病気でないときは身体を強くする）」というものがあります。台湾では薬膳料理が豊富で、季節の変わり目や体調のすぐれないときに、漢方薬を煎じたスープを飲む習慣がありますが、この考え方に基づいています。たとえば、強壮効果のある薬用植物として知られる「当帰《ダアングェイ》」と十種類の生薬を煮込んでつくる鴨肉スープの「当帰鴨」は有名です。漢方薬局に行くと、症状に合わせて自宅でつくるスープに入れる漢方薬を調合してくれます。

つまり、「病気になったとき」に薬を飲む日本人の感覚とは異なり、中華圏では**「健康に暮らしているとき」でも日常的に漢方（薬）を食品として口にする**、ということ。このような習慣のある台湾人が日本で鍋を食べるとき、ちょっと物足りないと思うのは、漢方薬が入っていないからです。

もともと台湾では海外旅行がいまほど盛んでない昔から、国内旅行に出かけると、ツアーの最後には、その土地のお土産物屋に立ち寄る習慣がありました。それらのお土産物屋に売られているのは、たいてい**クスリやその土地ならではの健康食品**でした。台湾人はそれを好んで買います。台湾人にとってクスリや健康食品をお土産にすることは、相手の健康を気遣っているという意味で、とても喜ばれることですから。このような中華圏土着の文化と風習も、爆買いの一因となっているのです。

爆買いの背景にある「頼まれ買い」

これだけ日本旅行が身近になったからでしょうか。最近では、誰かが日本に行くというと、家族や親族はもちろん、友人や職場の同僚から買い物を頼まれるのが当たり前になっています。私の場合も、日本行きが決まると多くの人から買い物リストをそっと手渡されます。そこには買ってきてほしいクスリやコスメの商品名と個数がぎっしり。誰もそれが相手に迷惑をかけるなどとは思っていないようです。たいていの場合、台湾人も中国人も、1回の訪日で10万円分くらいはクスリやコスメを買っています。

ですから、私は日本から帰るとき、空港に向かうまでの間にお土産を詰めた大きな段ボール箱をいくつも用意しなければなりません。私の助手で撮影担当の林建志とふたりで段ボール6箱くらいになるでしょうか。これだけ積み込めば追加料金も大変だろうと

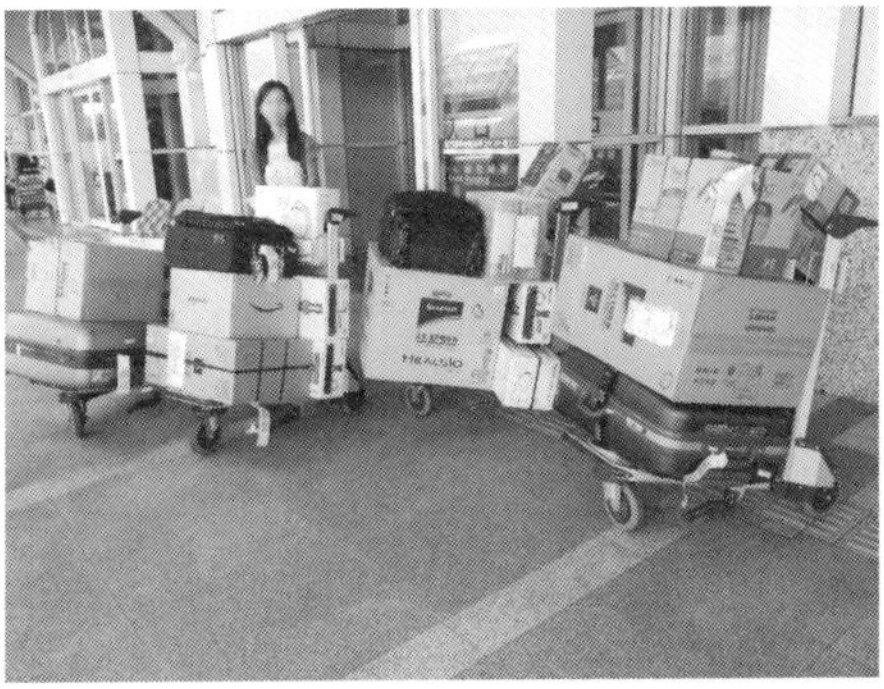

空港に段ボール箱をたくさん持ち込む訪日旅行客（口絵参照）

思われるかもしれませんが、ＪＡＬを利用すれば、エコノミークラスでも23キログラム以下の荷物をひとり2つまで預けても追加料金がかかりません。台湾系のエアラインだとこうはいかないので、半分冗談で「爆買いするなら、日系エアラインが便利」と言っています。

ドラッグストアで私が大量に買い込む姿を見て、日本の友人から「あなたの身体はそんなに具合が悪いところだらけなの？」と心配されたことがあります。でも、こんなことになってしまうのも、多くの人から買い物を頼まれるからなのです。こういうのを「頼まれ買い」とでもいえばいいのでしょうか。おそらく中国でも事情は似たところがあるはずです。**頼まれ買いが中華圏の人たちの爆買いにつながっているのです。**

人間関係を大切にする台湾人としては、頼まれ買いをなかなか断りきれないので、結局承知するほかないのですが、最近ではそれが行きすぎて、知り合いの知り合いといった個人的に面識のない人からいきなり買い物リストがメールで送られてくることがあります。台湾人のコミュニケーションは、日本人に比べると細かいことをあんまり気にせず、ストレートなところがあります。思ったことは遠慮なくそのまま言うのが普通で、「YES」「NO」もはっきりしている。これは中国人も同じです。それ自体は悪いことではないと思うのですが、ここまでくるといくらなんでもずうずうしすぎる。

「女性2人のバトル」がテレビで社会現象に

こうした「やりすぎ頼まれ買い」が台湾で問題になっています。台湾では若い世代から大人までライン（LINE）やフェイスブック（Facebook）などのSNSが広く普及しています。あるテレビの報道によると、Mさんという女性のもとによく知らないAさんという女性からラインで買い物リストが届いたといいます。そこには、以下のように書かれていたそうです。

リセ10箱
アリナミン4箱（270錠入りのほう）

強力わかもと2箱
太田胃散5箱（分包タイプのほう）
液体絆創膏《ばんそうこう》（試しに2個ぐらい）
人気のドライヤー（台湾で買うと高いので安いのを）

しかも、「日本に行くんだから、ドラッグストアには必ず行くでしょ。よろしくね」とコメントが書きつけられていました。呆れたMさんがそれを断ると、Aさんはこんなコメントを返してきました。「買いたくなければ早く言えばいいのに！　日本なんて誰でも行けるのに、エラそうにするな」と。一方的に逆ギレする始末です。

あとでわかったのは、その女性Aさんは、Mさんの友人の彼女でした。明らかに遠い関係ですね。一度くらいは会ったことはあるかもしれませんが、彼女のことはよく知りません。Mさんが近々日本に行くことをSNSで知ったAさんが、リクエストを書き込んできたというのです。これは完全なマナー違反です。そのやり取りを訳しましたので、呆れながら読んでみてください。

A　ねえ、いつ日本に行くの？

M　9月17日〜22日だよ。

A　そう、じゃあ私に買ってきてくれる？

M　@@（困ったときに使う絵文字）。買うって何を？　あったら買えるけど、なかった

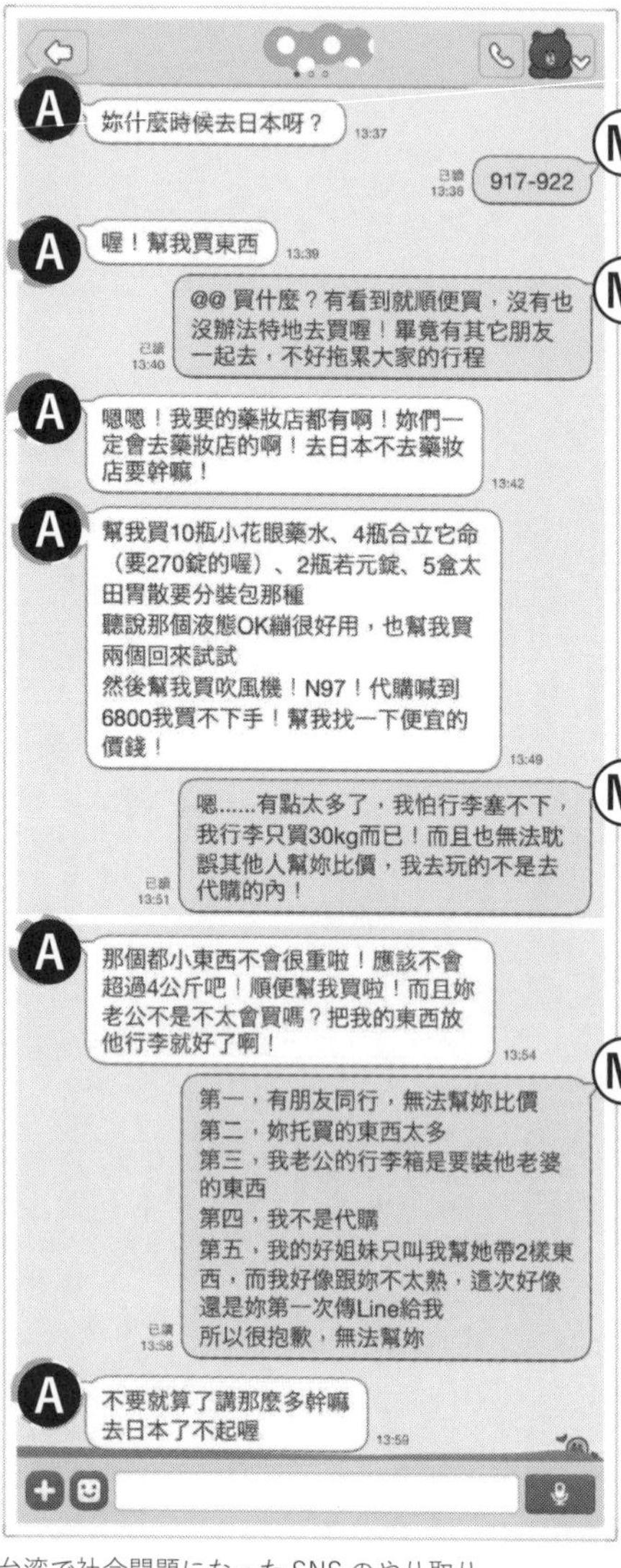

台湾で社会問題になったSNSのやり取り
（画像提供：Facebook「Karen Chen」）

らわざわざ探す時間はないよ！　友だちも一緒だから、スケジュールを乱すわけにはいかないの。

A　うんうん。ほしいものは全部ドラッグストアで買えるものだよ。日本旅行だから絶対ドラッグストアに行くでしょ。ドラッグストアに行かなければ、何のために日本に行くの？

A　ほしいものは、目薬のリセ10箱、アリナミン4箱（270錠入りのほうだよ）、強力わかもと2箱、太田胃散5箱で分包タイプのほう。そうそう、あの液体絆創膏はよさそうだから、試しに2個ぐらい買ってきてね。あとは、ドライヤーもほしいの！　N97のほうよ！　転売屋の販売価格は6800元（2万8000円ぐらい）だから、高すぎて手が出せないよ。安いのを探してきて！

M　うーん……ちょっと多すぎて、スーツケースに入らないかも。私は30キロしか預けられないし、安いものを探すために、友だちと一緒の時間を無駄にすることはできないよ。だいたい私は旅行に行くだけで、代購のために行くんじゃない！

A　みんなちっちゃいものばかりだから、重くはないよ！　せいぜい4キロ以内でしょ！　ついでに買ってきてよ。それにあなたの旦那さんはあまり買い物をしないじゃん！　私の買い物は彼のスーツケースに入れればいいでしょ！

M 第一に、友だちと一緒に旅行に行くので、価格比較なんてできない。

第二に、あなたの依頼は多すぎる。

第三に、主人のスーツケースは私が買い物したものを入れます。

第四に、私は転売屋ではない。

第五に、私の親友たちだって、せいぜい2個ぐらいしか買い物依頼をしないのに、全然親しくないあなたが頼みすぎ。

しかも、今日私にラインを送ってくれたのは初めてのことだよね。あなたのお手伝いはできません。ゴメンナサイね。

A もういいよ！　どうしてそんなに余計なこと言うの？　日本に行けるからってそんなにエラいのか！

爆買いに拍車をかける「代購」と「連線」

また別の人は、ラインで「『強力わかもと』を30箱購入してきてほしい」とある人からメールで頼まれました。台湾では出張や旅行で外国に行く人に手数料を払って商品を代わりに仕入れてもらい、転売する「**代購**《ダイゴォー》**（代理購入）**」と呼ばれるビジネスが広く一般化しています。でも、いきなりメールをもらった彼は忙しくて買ってこられなかったそうです。そう伝えると、「すでに多くの人から注文を取った。損害を弁償してくれ」と言われ、ふたりはトラブルになったそうです。

実は、私の手元にも似たようなメールがよく届きます。面識がある人の場合、無視するわけにもいかず、気が重くなります。最近はなるべく日本に行くことを知らせないようにしていますが、フェイスブックを見て私が日本にいることを知り、メールを送ってくる人もいます。その場合は丁重に断るようにしています。本当に困ったものです。

誰でもたやすく日本に行ける時代になったので、つい気軽に頼んでしまう。こうしたやりすぎ頼まれ買いが社会現象になるほど、**爆買いは台湾人の日常に浸透**しているのです。

その一方で、いま台湾のSNS上に広く買い物リストを募るコメントがあふれています。頼まれ買いの逆で、「自分は何月何日から何日まで日本に行くから買ってきてほしい商品リストを送ってほしい」と不特定多数の人に代理購入を募るもので、「**連線**《リエンシエン》」と呼ばれています。もともと連線は「テレビの実況中継」の意味です。これは台湾で流行しているSNSの使われ方です。

クスリやコスメ、ファッション、バッグ、シューズなど、連線の募集者にはそれぞれ得意の商品ジャンルがあり、詳しいリストを写真付きの見本としてネット上に紹介しています。一般の人たちは自分のほしいジャンルやキーワードを検索すれば、募集者のラインのアカウントかフェイスブックが見つかるので、これを買ってきてほしいと注文して入金すれば、日本に行って代わりに購入してくるというしくみです。

これは、代購の個人版のようなものですが、たいてい日本のショッピング事情に詳しい若い主婦やOLなどが小遣い稼ぎのためにやっています。以前はネット上で堂々と運営していましたが、税務署がうるさくなってきたので、実際のやりとりはライン上に移っていったのです。ラインであれば、つながっている個人同士でしか内容を見ることができないからです。

もともと日本のクスリやコスメを転売する業者は30年くらい前から存在していました。昔ながらの市場に小さな店舗を構え、日本の製品を販売していたものです。上野のアメ横のお店みたいな感じです。いまではそれがネットを利用した代購業者になったのです。

「連線」を呼びかける台湾人のSNS

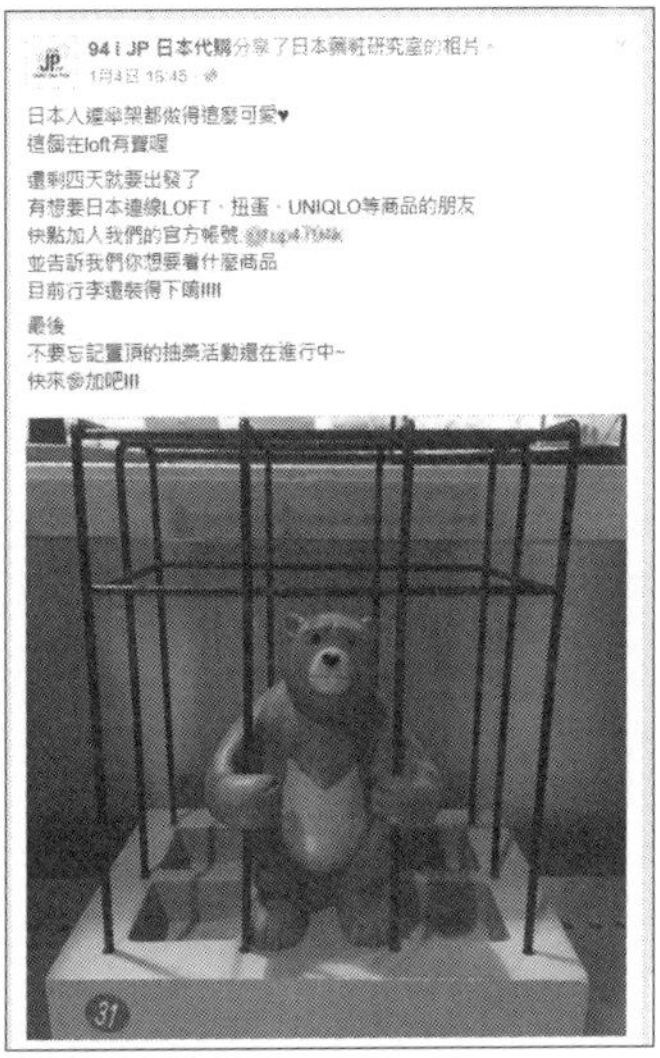

【日本語訳】
日本人は傘立てまでこんなに可愛く作っているよ。
これはロフト(LoFt)で買えます。

私たちはあと4日で日本を発ちます。
このロフトの商品やガチャガチャ、ユニクロなど連線(代購)の希望者は、
公式アカウント「＊＊＊＊」を登録してください。
ほかにもほしい商品があれば、メッセージください。
スーツケースはまだ余裕だよ！

プレゼント抽選イベントはまだ実施中だから、早く参加してね！

だから「爆買い」は終わらない

このような業態は中国にもあり、ＥＣサイトの一部では日本のクスリやコスメが販売されています。実は、中国ではクスリのネット販売は禁じられているため、発覚すると営業停止になるようです。でも、停止期間が終わると、彼らはめげずに再開します。いたちごっこを繰り広げているのです。同じようなことは台湾でもありますが、中国ほど

盛んではありません。そんなにしなくても買えるルートはいろいろあるからです。

都内のドラッグストアでは、明らかに観光客とは思えない日本在住の中国人が商品を買い集めている光景を見かけます。それをまとめて中国に搬送するためです。

中国のECサイトの場合、商品を事前に購入し、ネット上で販売するわけですが、連線の場合は、注文を受けてから購入することになるので、個人でもやりやすいのです。旅行費用を捻出するために連線を活用するという考えの人もいるようです。みんなから注文を取って、その手数料を航空券や滞在費に充ててしまうというわけです。


台湾や中国には、お土産を買う一般の観光客だけでなく、半分商売のような買い物をする連線の人たちやビジネス目的の代購業者が大勢いることが爆買いにさらに拍車をかけているのです。

詳しくは4章で説明するつもりですが、これまでみてきたとおり、**日本で爆買いと呼ばれる現象はまだまだ続く**というのが私の考えです。日本の一部の評論家の中には「中国経済が減速しているので、爆買いは収まる」と言う人もいますが、私に言わせれば、それは狭い見方で、いま日本で起きていることは一過性の特別な事態というより、もっと**普遍的な現象としてさらに広がる可能性がある**と思っています。

つまり、爆買いの分析をまとめると、こうなります。

中国に富裕層が生まれ、彼らが訪日して大量に日本製品を買うようになった。だが、近年中国経済がきしみ始め、株価も下落することで彼らの資産が減り、今後は訪日客や爆買いも減少していくだろう、というのがこれまでの見方でした。

しかし、実際にはそのようにはなりそうにない。確かに一部の人たちには影響があるかもしれませんが、台湾人や中国人が日本で爆買いしたのは、お金がたくさんあるからではなく、日本にいいものがあるから、大量に買いだめしておきたいのです。これが、ことわざにもなっている「防範未然《ファンファンウェイザァン》」。そもそも「内外価格差」があり、日本のモノは安く感じる。さらに、クスリや炊飯器などのまとめ買いには、「代購《ダイゴォー》」や「連線《リエンシエン》」といった、購入者以外の人々による頼まれ買いや転売目的がある。周囲の人々との「関《グァン》係《シー》」を重視する社会の特性ゆえに、自分のためだけではない、日本人には想像もつかないさまざまな購買行動が起こる。それが、多くの日本人の目から見て驚くほどの、「爆買い」を生んだ理由だったのです。

中華圏に根差したこれらの価値観は、**経済の浮き沈みによってやすやすと変わることはありません**。その背景には何百、何千年という歴史の中で育まれた社会性があるのですから。

私の選ぶ日本のクスリ「トップ10」

では、台湾人はどんなクスリを好んで買っているのでしょうか。

以下に挙げるのは、私が台湾で出版したコスメショッピングガイド第1弾『東京ドラッグ＆コスメ研究購入（東京藥妝美研購）』（２０１２年）で選んだトップ10の商品です。その後、このシリーズは第４弾まで上梓していて、最新情報はそちらで紹介しています。ですから、ここで挙げるのは、最も基本的でロングセラーのアイテムです。それぞれ人気の理由も説明しているので、なぜそのクスリが売れるかわかっていただけると思います。

ウナクール（興和）

台湾は亜熱帯気候なので、日本に比べて相当暑いですから、虫刺されのクスリは欠かせません。なかでも液体タイプの『ウナクール』が人気です。昔は虫刺されといえば、タイガーバームやメンソレータムしかなかったそ

うで、どちらも軟膏タイプ。塗るとベタベタするし、液体タイプのほうが手を汚さず、かゆみによく効くことを誰かが発見し、すぐに爆発的な人気になったと聞きます。

キャベジン（興和）

胃腸薬といえば台湾でも『太田胃散』が有名ですが、『キャベジン』はもっと人気です。リパーゼという脂肪分解成分が入っているので、台湾の脂っこい食習慣に合っているからです。母は胃腸が悪く、よく胃もたれするので、私が日本に行くとき必ず『キャベジン』を買ってきて、と頼まれます。台湾の田舎のおばさんたちの間では『キャベジン』はすごい薬だというウワサが口コミで広がり、広い支持を得ているんです。

大正漢方胃腸薬（大正製薬）

台湾で支持を得るクスリは、地元の風土や習慣に合っているものが多いです。たとえば、『大正漢方胃腸薬』は漢方薬ですから、台湾人には抵抗がなく、安心です。食前か食間に服用というのも、台湾人の習慣に近いので服用しやすい。これも母から買ってくるよう頼まれる必須アイテムのひとつです。

よく「台湾には漢方薬がたくさんあるのに、なぜ日本のクスリを買うの？」と聞かれるのですが、その質問についてはこう答えることにしています。

台湾人が普段の生活の中で、購入するクスリの種類はふたつに分かれます。ひとつは１００年以上の長い歴史を持つ伝統薬です。伝統薬は台湾人の生活に浸透しています。私のような30～40代の世代では、自分が子供の頃、祖父母が使っていた姿を見て、自分も自然に使うようになっています。漢方薬はこの中に入ります。

もうひとつは市販薬です。歴史はそんなにありませんが、効き目がよく、バリエーションは豊かです。特に人気なのは目薬や風邪薬、頭痛薬です。なかでも日本製の目薬の多くは、目の疲れや充血などの症状を緩和してくれる日常ケアに応えるもので、これまで台湾の市販薬になかった強い清涼感やリフレッシュ効果の高いものがあります。そ

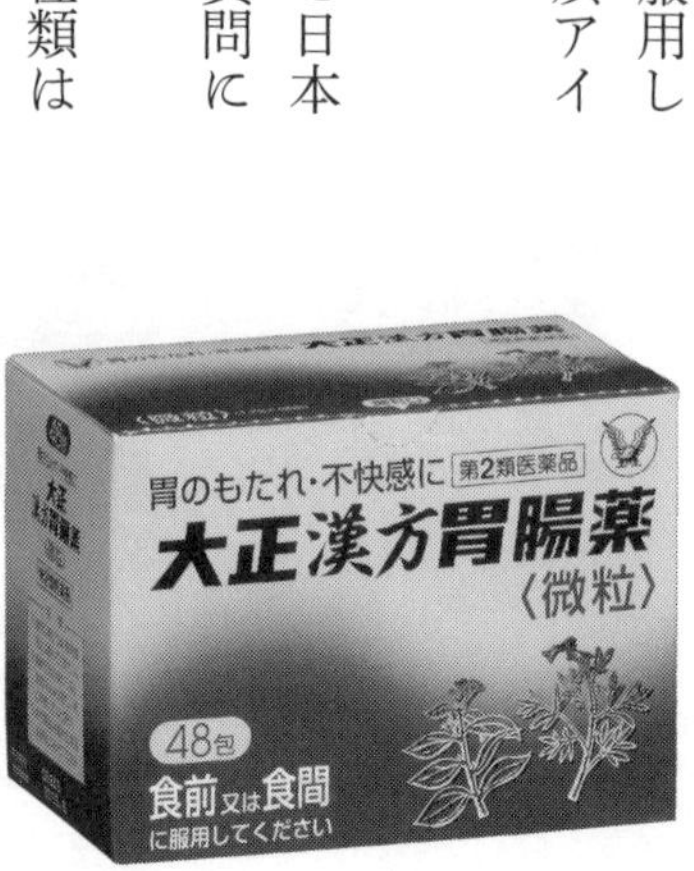

れは現代的な生活を送る台湾人のニーズに合っています。

漢方薬はあくまで体質の調整に役立つものです。症状が出たときには漢方ではすぐ治らない。そのため、西洋医学を採り入れた即効性のある日本のクスリが重宝されます。実際、胃腸の調子が悪いとき、台湾の病院に行くと処方してくれるのはたいてい胃酸を抑える制酸剤くらい。最近の台湾人はストレス性胃炎の場合も多く、それでは効かないのです。私自身も神経質なところがあって胃腸も弱いので、これまでいろんな日本のクスリを試してきました。いまではだいたいこの症状の場合はこれを飲んだら効くということがわかってきました。私の家にはさまざまなタイプの日本のクスリが常備されていて、症状に合わせて飲み分けています。

口内炎パッチ（大正製薬）

口内炎の薬も、台湾では人気です。理由は口内炎に悩む人が多いからですが、地元にはこれまでこういう薬はまったくなかったので、すぐ広まりました。台湾は夜型人間が多く、夜食を食べるのも大好きです。さらに熱帯性の気候ですから、「**火気**《フォウチー》」（東洋医学の考えで、体の中が

過剰に燃え盛っている状態）になりやすい。だから、口内炎になる人が多いのです。

効能のみならず、効果的な処方まで考え尽くされたアイデア商品であることもすごいところです。粉グスリの口内炎薬では処方してもすぐに口の中で溶けてしまいますが、『口内炎パッチ』は口の中に貼っておくことができるのが画期的。患部に貼れば、すぐに食事ができるのもうれしいポイントです。

口の中に直接シールを貼るというわかりやすいパッケージのイラストも、台湾人に売れる理由です。商品解説が読めなくても、ひと目で効能と処方がわかるからです。いまではマツキヨなどに行くと、店先の誰でもすぐわかる場所に置かれています。きっと多くの台湾人が購入していくのでしょう。

「薬」はアクセサリー、「薬局」はまるでワンダーランド

台湾にも市販薬はありますが、日本の市販薬の最も大きな特徴は、パッケージデザインの斬新さです。私が大学に入って初めて日本を旅行したとき、何気なく入ったドラッグストアで目を見張るほど驚いたことがいまでも忘れられません。商品パッケージの色遣いの鮮やかさやデザインの多彩さもそうですし、陳列棚やディスプレイまで輝いて見

えたからです。**これが本当に薬局なのか**。まるで**ワンダーランド**のように思ったものです。以下、パッケージデザインが人気のクスリの例です。

リセ（ロート製薬）

ロート製薬の目薬『リセ』はパッケージがキラキラして、色もピンクで女性らしい。台湾人はこのキラキラがたまらなく好きなのです。ちょっとした小物やおしゃれ雑貨のように見える。台湾の芸能人が使うようになって広まりました。女性は自分がクスリを使用していることをあまり知られたくありません。でも、パッケージがおしゃれなので、クスリには見えない。台湾女性はたいていバッグの中に『リセ』をしのばせているはずです。

サンテFX（参天製薬）

疲れ目に効く『サンテＦＸ』は、使い心地が刺激的で爽快感のあるタイプ。クールな刺激を感じさせるシルバーとブラックの2色を使ったコンパクトなパッケージ

が目に映えます。いまでは『サンテＦＸ』のパッケージを見ると、目がチカチカしてくるほどです。

学生時代、クラスの女子学生にイタズラしたことがあります。授業中に隣の席にいた彼女にサンテＦＸを見せたら「何？」と聞くので、「目薬だよ」と答えると、「ちょっと貸して」と言うので手渡しました。彼女がサンテＦＸを目に注した瞬間、予想外の刺激に「ヒェー」と大声を上げてしまい、クラスでは何事かと大騒ぎになりました。当時、台湾にはこんな目薬はなかったので、ビックリしたのです。いまでは台湾人に広く知られています。

当時の私にとってクスリなのに見た目がカッコいいというのはすごく新鮮でした。台湾では、クスリのパッケージデザインは薬事法で制限されているようです。だから、台湾の市販薬のパッケージは、いかにも地味で古めかしくてダサいものが多い。見た目なんて考えていない。だったら市販薬を買うより、病院で処方箋を出してもらってくればいいと思ってしまう。

一方、日本のクスリのパッケージは、ピンクやオレンジ、ゴールドなど大胆な色合わせに加え、見た目を引くユニークなデザインも多いです。パッケージがクスリっぽくないので、お土産にするのも抵抗がないし、自分のカバンから出したとき、友人から「何それ？」と聞かれても、クスリだと説明すると必ず「いいの持ってるね。自分もほしい」と言われます。パッケージが明らかに台湾人の購買意欲を刺激しているのです。とりわけ**台湾人は派手めなパッケージを選ぶ傾向があります**。クスリであっても、見た目はすごく大事なのです。

最近、台北に日薬本舗というドラッグストアチェーンができて、とても人気です。そこで販売される80％以上は日本製品。店内も日本のドラッグストアのような明るいイメージです。台湾にすでに30店舗近くあります。

台湾人のデスクの引き出しには「イブA錠」が!?

日本のクスリは顆粒状の製品が多く、服用しやすいのも特徴です。常備薬として自宅やオフィスに置いておきたいと多くの台湾人が考えるのはそのためです。台湾人の生活に日本のクスリは浸透しているのです。以下、飲みやすいクスリの例です。

新ビオフェルミンS細粒（ビオフェルミン製薬）

乳酸菌の入った整腸薬の『新ビオフェルミンS細粒』は、子供にも飲みやすいように顆粒状になっています。台湾でも同じ製品があるのですが、錠剤だけです。だから、顆粒タイプをわざわざ日本で買ってくる意味があります。

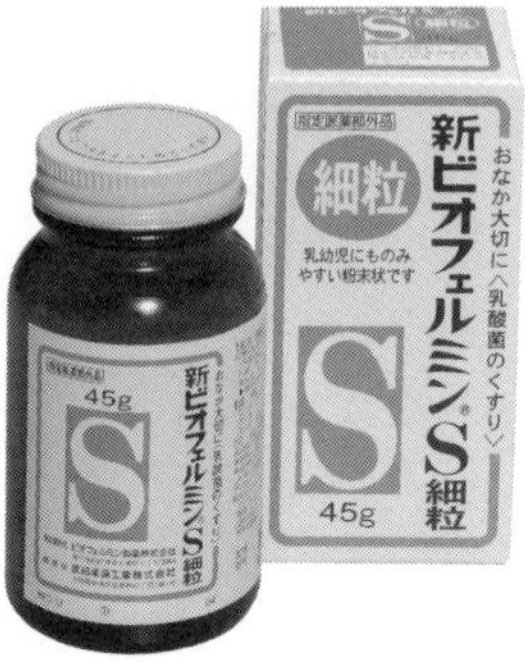

パブロンゴールドA（大正製薬）

一般に風邪薬は錠剤が多いのですが、風邪薬の『パブ

ロンゴールドA』は粉末状なので、大人から子供まで飲みやすい。もうひとつの人気の理由は、台湾人だけでなく、中華圏の人たちが好む派手な金と赤の印象的なパッケージです。以前台湾で販売されていた『**パブロン（大正百保能）**』のパッケージの色は違ったのですが、最近日本と同じ金と赤になりました。これは中華圏の人たちが好む鉄板の色遣いなのです。

イブA錠（エスエス製薬）

『イブA錠』は台湾の20〜30代の若いオフィスワーカーに人気があります。理由はイブプロフェンという成分です。この成分は頭痛によく効くことが知られていますが、少し前まで台湾の薬事法では市販薬に使うことは禁止されていました（現在は解禁されています）。台湾人の生活は昔と比べ大きく変わりました。オフィスは冷房が強く、長時間過ごすことになるので、頭痛薬は必携なのです。

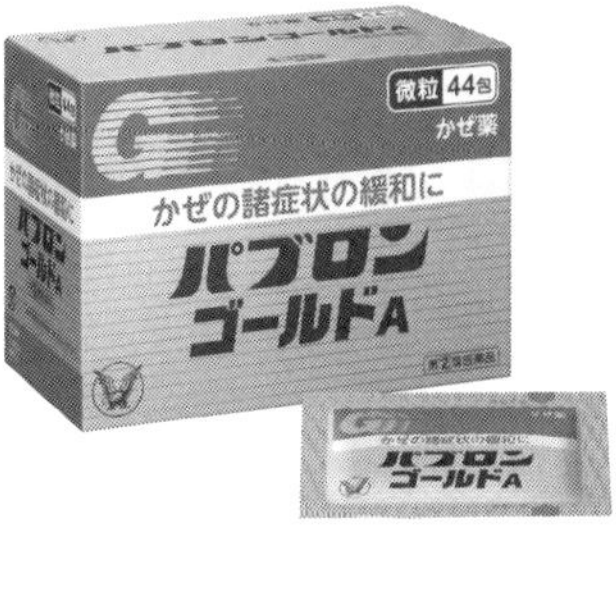

『イブA錠』は男女の区別なく、オフィスのデスクの引き出しに入っていると思います。
このように、台湾の薬事法による規制のため、同じ日本のメーカーの製品でも、台湾製では一部の成分が配合されていないケースがけっこうあります。たとえば、台湾製の『キャベジン』には脂肪を分解するリパーゼが配合されていません。これがいちばん肝心な成分なのに、台湾では市販品に配合してはいけないのです。

なぜ「メンソレータム」がボディクリームとして使われるのか

これだけ台湾人の生活に日本のクスリが普及しているのに、処方が間違っているケースがよくあるのは残念です。

メンソレータムＡＤ（ロート製薬）

たとえば、トップ10に入るロングセラーの最後のひとつで、かゆみ止めに有効なロート製薬の『メンソレータムＡＤ』をハンドクリームとして日常的に使っている台湾人がいます。なぜこんなことが起こるかというと、台湾の転売業者の一部が、この製品を最初に売り出すとき、誤ってハンドクリームとして使えると宣伝したからなのです。そのほうがたくさん売れると考えたからかもしれません。

これは困ったことです。どんなにいいクスリでも処方を間違えると効き目がないどころか、問題が起こるかもしれない。先日も台湾で発行されたある日本旅行のガイドブックに『メンソレータムＡＤ』がボディクリームとして紹介されている記事を見つけました。この本を制作しているのは、クスリに対する基本的な知識がないだけでなく、おそらく日本語が読めない人ではないでしょうか。台湾ではこういう間違いも多いのです。

いま日本の観光やショッピング情報を台湾のブロガーが盛んに発信しています。彼らの多くは、日本の企業から届く新製品のリリースをそのまま配信しています。ただし、日本語のできない人も多いため、私からみると間違った情報を発信しているケースが少なくありません。そのことに日本の企業の広報担当者が気づいているか、少し心配になります。

私はいつもこう指摘しています。「『メンソレータムＡＤ』のパッケージには「医薬品」とはっきり記されている。だから、ハンドクリームのようにボディケアとして使うのではなく、かゆみなどの症状のあるときだけ使うべきです」と。

私がコスメショッピングガイドを台湾で出版しようと考えたのは、こうした処方の間違いをなくしたいからでもあるのです。

「日本の俳優」に憧れる台湾人男性

私の書いたコスメショッピングガイド（『東京ドラッグ&コスメ研究購入（東京藥妝美研購）』）では、クスリやコスメ以外にも、日本で人気の美容・健康商品をたくさん紹介しています。それらの多くは単純に、私自身が実際に使ってみて良かったと思うものを選ぶようにしています。

こう言うと、多くの人から「鄭さんは男性なのに、なぜそんなに美容商品に詳しいのですか？」と聞かれます。先日もあるコスメ企業の人から「鄭さんは台湾のＩＫＫＯさんでしょ」と冗談を言われたので、「そんなことないですよ。女装はしませんから」なんて返したこともありました。

こういうとき、私はこう答えることにしています。一般に台湾の男性は、日本の男性より美容商品やコスメを使うことに抵抗がありません。いや、むしろ好きだといっていいでしょう。台湾は暑いので、汗をよくかくから、体臭などのエチケットも気になるし、シャワーを浴びるような爽快感のあるデオドラント製品を男性が使うのはわりと普通のことです。小さい頃から日本のドラマをよく観ていたので、日本の俳優に憧れがある。あんなきれいな肌になりたい。だから、日本の男性化粧品を使いたいと思うのです。

私の場合、日本に行くたび、姉や姉の友人からこのコスメを買ってきてくれといつも頼まれていたので、ドラッグストアで目的の商品を探しているうちに、こんなにいろいろあるのだなと目が開かされ、だんだん美容の世界に興味が出てきました。

日本の美容商品は次々と新しいものが出てくるので、私の探究心はこれから先もずっとやみそうにありません。

爆買いを加速させた「免税対象品目」

では、台湾人が買い物するとき、どんなサービスを好むのでしょうか。どうされると、もっと買いたくなるのか。

台湾人をその気にさせるのは、実はわりと単純です。まず欠かせないのはオマケがつくこと。16ページの周年慶（台湾の歳末セール）の話を思い出してください。この時期、台湾の百貨店では、これだけ買うと商品券でキャッシュバックとかいろんな景品が大盤振る舞いです。

台湾人はこういうのが大好き。お得がいっぱいで、しかもドーンともらえるのに弱いんです。根に商売人気質もあるせいか、そちらが大盤振る舞いしてくれるなら、こちらもそれに応えよう。よーし、いっぱい買ってやろう！と、気分が盛り上がります。

日本に旅行に来ている台湾人は、あらゆるいいものを買う気満々です。ただでさえ、多くの人にお土産を買って帰らなければならないという使命とプレッシャーを背負っているのですから、背中を誰かに優しくポーンと押してもらうだけでいいのです。

周年慶ではキャッシュバックのためにクリアすべき金額を何段階にも分けて設定しています。たとえば、1万円買ったら1000円バックというだけでなく、2万円買ったら2000円、3万円なら3000円など、小刻みにクリアポイントがある。それだけ買い物しがいがあります。

景品の種類も豊富です。2014年の新光三越の場合、2000元（約7000円）以上買うと、日本や台湾で流行したアプリゲーム「ディズニー ツムツム」のイラスト入りグッズがもらえたようです。100万元（約350万円）分購入したらアイフォン

6をプレゼントなんていうＶＩＰカード向けの特典もあったほどです。

日本ではこういうサービスは控えめに感じます。もちろん、年に2度のバーゲンシーズンになると日本らしいサービスがないわけではないのですが、台湾ほどのインパクトはない印象です。

２０１４年10月から日本政府は外国人に対する免税対象品目を拡大しました。この施策は、**間違いなく爆買いにさらなる火をつけました。** これまでドラッグストアで購入していたコスメやクスリ、お菓子などの消耗品まで免税対象になり、５０００円以上買うと消費税８％が免除されるからです。これは外国人には素直にうれしいことです。これだけ買えばお得になるというわかりやすい金額目標ができたから。これは台湾のキャッシュバックに近いサービスといえますが、政府が横並びで金額を統一させるところは、公平を重んじる日本らしいと思います。

お土産に使える景品がほしい

台湾人をその気にさせるもうひとつの手が景品です。日本のドラッグストアでは新商品のサンプルを景品としてもらえることがありますが、台湾に比べるとちょっと物足りません。もう少し工夫がほしいです。できれば商品を分包してパウチしたいかにもサンプル然としたものより、実際の商品をミニチュア化したものがいい。香水の小瓶みたいなのはサイコーです。なぜなら、誰かへのお土産にも使えるから。また人から頼まれたお土産に景品がついてきたときは、サンプルを自分のものにできるので得した気分です。

　コストはかかるかもしれませんが、ステキなサンプルをもらえると胸が躍ります。欲張りと思われるかもしれませんが、景品はもらえるだけいっぱいほしいのです。

　その点で私が好きなのは、毎年春に幕張メッセで開催される日本ドラッグショーです。これはドラッグストアで販売されているクスリやコスメ、美容・健康商品などのメーカーが一堂に会して新商品をＰＲするイベントで、毎年視察に行っています。

　何よりこのイベントでうれしいのは、各ブースで景品をふんだんにもらえることです。なにしろ新製品のドリンク剤など丸ごと1ケースもらえることも。単純に新製品をサンプルとして手渡されるだけでなく、ゲームをやったり、展示内容をしっかり見た後でクイズに答えたりなど、いろんなしかけがあるのも楽しい。毎回両手に紙袋いっぱいになるほど景品を抱えて帰るのですが、もう大満足です。

つい調子に乗ってオマケの話ばかりしてしまいましたが、台湾人がなぜ日本で買い物するのが好きなのか。そのもうひとつの大きな理由は、**日本人店員の接客と笑顔**であり、まじめに対応してもらえることです。

普段から日本に憧れの感情を持っている台湾人が、日本に来て日本人から優しく接客されると、とても感激するのです。日本人の接客はていねいで、自分は大事にされているなと感じます。日本に慣れれば慣れるほど、日本人の細かな気遣いの意味が理解できるようになるのもうれしいものです。

こういう経験は日本でなければ味わえないことを台湾人はよく知っています。でも、最近外国人観光客が増えたせいか、以前に比べ日本のサービスがちょっとおかしくなっているのではと感じることもあります。詳しくは、4章で述べたいと思います。

列に並ぶ？　並ばない？　中国人と台湾人の違い

これまであまり意識していなかったのですが、中国人観光客の爆買いが日本で話題になるようになって、ドラッグストアなどで見かける中国人の様子を観察するようになりました。もしかしたら、日本人には台湾人と中国人の違いがよくわからないかもしれません。でも、台湾人の立場からすると、相当違うことを知っていただきたいです。台湾人が懸念しているのは、中国人観光客のマナー問題です。なぜ彼らは売り場ばかりか道端でもあんなに大きな声を出すのか。その理由は、基本的に彼らは日本人とはまったく正反対に、他人のことを気にしない文化だからです。道を歩いていて人と肩がぶつかってもお互い知らんぷり。ささいなことでいちいち怒ったりしないところはいいですが、場の空気を読むことをあまり考えない人たちです。さらに、国民教育の問題もあります。台湾では、小学校の頃から公共の場では静かにするよう徹底して教育されていますが、中国ではそのような教育はあまり行われていないのではないでしょうか。中国の中高年以上の世代は文化大革命などの混乱した時代を生きてきた人たちですから、きちんとマナーを身につける機会がなかったのかもしれません。

台湾人の場合も、何人か集まれば、旅行中のことですから少しハイになっておしゃべりに興じることはあるかもしれません。でも、台湾人は自分が日本に旅行に来ていることを心得ています。日本人がどう思うかを少なくとも気にしているのです。

中国人は列に並ばない人も多いです。言っておきますが、台湾人は地下鉄に乗るときでも、いつでもどこでもきちんと列に並びます。割り込みは大嫌いです。

台湾の地下鉄での風景。台湾人は列を乱さず、きちんと整列する

中国人観光客のマナーの悪さは、台湾人がいちばんよく知っています。前回国民党が政権政党となった2008年以降、中国から大勢の観光客が台湾を訪れるようになりました。最近の報道では、2015年に台湾を訪れた外国人は1000万人を超え、そのうち4割が中国人だそうです。

彼らは自分が外国にいるという認識を、あえてかどうかわかりませんが、まるで持っていないかのようです。こうした彼らの傍若無人《ぼうじゃくぶじん》なふるまいやときに見せる横柄な態度に、多くの台湾人は困り果ててしまいました。いまでは台湾中どこに行っても中国人がいるから、海外に逃げ出したくなる。だから、自分は日本に旅行に行くのだと冗談半分にいう人もいるほどです。

ですから、中国人と一括りにされて台湾人までうるさいと思われてしまうのは心外です。そのため、多くの台湾人は誤解されないよう、中国人の団体が来るような場所はなるべく避けて行かないよう心がけているくらいです。

もっとも、少し厳密にいうと、中国人なら誰でもうるさいというわけではなく、問題なのは中国東北地方や山東省、河北省などの北方や内陸の地方都市の人たちです。一般に広東省や福建省など南方の中国人は体型も小柄で大声を張り上げることは少ないです。ことば自体が北方に比べて柔らかい発音なのです。台湾人の多くは南方の福建人の系統を引いていますから、北方の中国人とは違い、性格も穏やかです。もちろん、なんでもそうですが、個人差はあります。

中国人が「温水洗浄便座」をまとめ買いするワケ

台湾人と中国人を見分ける簡単なコツは、中国人は団体でいることが多いことです。銀座や新宿などの都心の繁華街でガイドの引率に沿って列をなして歩いているのは、まず中国人です。もちろん、台湾人も団体旅行をしますが、北海道や九州のような地方を訪ねる場合がほとんどで、東京や大阪などの大都市ではたいてい個人や小グループで旅行しています。

これはある意味仕方がないことでしょう。なぜなら台湾人の日本旅行の解禁は１９７９年で、中国人より20年以上早いからです。**台湾人は日本旅行のベテランで、日本の事情をよく知っています**。特に私のような30〜40代の世代は、子供の頃から『ドラえもん』や宮崎駿さんのスタジオジブリのアニメ、日本のテレビのバラエティ番組を見て育ち、ゲームもスーパーマリオに夢中でした。最近は中国人もネットで日本の番組を見ているようですから、若い人の中には日本に詳しい人がいるかもしれませんが、台湾人と比べれば日本に対する親密さや理解の深さが違います。

ドラッグストアで購入する商品の両者の違いを横目で見ていると、それを感じます。中国人がいま好んで購入している商品は、10年くらい前に台湾人が買っていたものが多いからです。

たとえば、２０１５年に発売から30周年を迎えて話題となったコーセーの超人気化粧水の『雪肌精』や資生堂の化粧水『肌水』は、さすがに中国人もいまは買うようになっていますが、台湾人にとっては昔から定番でした。

中国人が最近よく買っている資生堂の洗顔料の『パーフェクトホイップ』は5〜6年前に台湾で流行ったもので、台湾人はもっと別の商品に関心は移っています。

家電製品でも買うものが違います。**中国人は日本製の炊飯器や温水洗浄便座をまとめ買い**することで有名です。前者の人気の理由は、内釜の材質や付帯機能が優れていて、お米がおいしく炊けることが口コミで広まったせい。後者は中国人の**トイレコンプレックス**に関係があります。どれだけ急速に経済発展しても、いまだに貧富の差の大きい中国では、貧しい人も利用する公共のトイレはとても汚いので、せめて自宅だけはきれいにしたいという思いがあるのです。中国人の爆買いの背景には、自分だけは貧しさから抜け出したいという**焦燥**や海外の優れた製品を何が何でも手に入れたいという**欠乏感**の強さがあります。

中国人の爆買いを見て感じることは、特定の口コミで広まった商品の購入に偏りがちなことです。中国人の団体客の多くは初来日組で、そもそも日本の事情に通じていませんん。ですから、何を買うかについても、口コミに頼るしかない。自分の目で商品を選んでいるわけではないのです。

一方、台湾人が炊飯器をよく買っていたのはもう10年以上前のことですし、温水洗浄便座はあまり買いません。大陸に住む中国人と湿潤な島国に住む台湾人とでは、生理的な感覚が少し違うからかもしれません。

台湾人は日本のトレンドに敏感で常に最新情報をキャッチしているため、日本で現在よく売れているものを購入する傾向があります。最近だと、ダイソンの掃除機やハンガーにかけたままシミ抜きができるAQUAのハンディ洗濯機、パナソニックのドライヤーNA97（台湾人は日本製品の「品番指名」買いが当たり前）などでしょうか。台湾人は日本の消費トレンドをいち早く後追いしているのです。中国人とはそこが大きく違います。

先日、ある家電量販店に行ったとき、面白いことに気づきました。一般に中国語表記には、台湾人や香港人が使っている「繁体字《はんたいじ》」と、中国人が使う「簡体字《かんたいじ》」の2種類があるのですが、免税コーナーの一角に、ここ数年台湾で人気のオーブンレンジが置かれていて、商品ポップが繁体字で書かれていたのです。最近の家電量販店の商品ポップは中国人観光客向けに中国でしか使わない簡体字で書かれていることが多いです。しかし、オーブンレンジはまだ台湾人しか購入しないことを知っている販売員がわざわざ繁体字表記をしていたと思われるのです。この店の販売員はよくわかっているなと思いました。

台湾人の目からみると、台湾人と中国人の購入品の違いをふまえて表示の使い分けをしているような店は大いに信用したくなります。外国客に対してこれだけ理解があるということは、質の高いサービスを期待できるからです。

なお、字のとおり、繁体字よりも簡単なのが簡体字です。たとえば、「専門的な日本の医薬品・コスメの本」と表す場合、繁体字では「專業的日本藥妝書」となり、簡体字では「专业的日本药妆书」と表記します。

ちなみに、**香港人**も台湾人同様、早い時期から日本旅行を楽しんできた人たちで、日本全国あらゆる土地に姿を見せています。**ところが、彼らはそれほど買い物をしません。**コスメも欧米ブランドを好む傾向があり、爆買いとはそれほど縁のない人たちなのです。彼らも、台湾人以上に中国人と間違われることを嫌っているようです。

摩天楼が林立し、人口の集中する高密度都市で暮らす香港人が、日本の自然をのんびり満喫したいと考えるのは当然のことではないでしょうか。彼らにとって買い物より自然のほうが優先順位が高いのです。12月に多くの香港人が日本を訪れるのは、ホワイトクリスマスを体験してみたいからです。

このように中華圏の人たちを一括りにするのではなく、台湾人、香港人、中国人はそれぞれまったく異なる属性をもった旅行客だと理解していただきたいと思います。

自由が丘、吉祥寺、川崎に行きたい台湾人

こうした台湾人の属性は出没エリアに表われます。では、台湾人は日本のどこで買い物しているのでしょうか。

台湾人は多くの人からの頼まれ買いに応えなければなりませんから、まとめ買いがしやすい便利なエリアに足を運ぼうとするのは当然です。東京であれば、百貨店やドラッグストアが多く、夜遅くまで営業している**新宿**や、庶民の市場のような雰囲気でクスリやコスメ、お菓子などの日常品が安い**上野**、日本を代表する繁華街の**銀座**というのは定番エリアです。ただし、このエリアは台湾人に限らず外国人観光客なら誰でも知っています。

知り合いのドラッグストア関係者は言います。「爆買いというけれど、店の立地によって売上が違う。都内で売上が多いのは観光客の多い上野や新宿、渋谷など、大阪なら心斎橋、難波、黒門市場くらいで、郊外店は売上が伸びているわけではない」と。

これを聞くかぎり、爆買いといってもその舞台は意外に限られたエリアの話なのかも

しれません。問題は、どんなに買い物が便利なエリアでも、外国人観光客が増えすぎると、ゆっくり買い物できる雰囲気ではなくなることです。

特に新宿や上野、銀座は、最近中国人やタイ人が増えすぎて、私の場合は必要なものを買い揃えるだけに行く場所という位置付けです。もし自分や自分の大切な人のための買い物をするなら、もっと別の場所がいい。こうして台湾人はどんどん拠点を移しています。

なにしろ台湾人はリピーターが多く、日本を熟知しています。単に日本製が好きというだけでなく、日本の社会や暮らし、文化に対する関心も強い。そのため、日本人の普段の生活が体験できるようなエリアを好む傾向にあります。**日本人の生活に自分も溶け込んで、同じ場所で買い物したいのです。**

たとえば東京では、おしゃれな日本人が多く住み、おいしいスイーツ屋やかわいいお店がいっぱいある**自由が丘**は台湾の若い女性に人気です。三鷹の森ジブリ美術館が有名で、ドラッグストアも多い**吉祥寺**も、もはや台湾人にとっての定番です。秋葉原に比べると、外国人はまだ少なめの**中野**も面白い。

私が最近よく行くのは神奈川県川崎市の**武蔵小杉駅**にあるショッピングモール「グランツリー」です。またこれは個人的な趣味かもしれませんが、**川崎駅**周辺も好きです。

日本らしい個性的な商店街の「銀柳街」と、若者っぽい現代的な雰囲気のショッピングモール「ラゾーナ」が、どちらも楽しめますから。マイブームは「川崎市めぐり」と言えるかもしれません。

そのように、私は台湾の読者になるべく外国人の少ないエリアで、日本人と同じように買い物してもらいたいと思っています。

「仕掛け人」の原点は、1冊のガイドブックの出版

さて、なぜ私が「爆買いの仕掛け人」と呼ばれるようになったのか、それをお伝えするには、私の過去も少しだけ知ってもらわなければいけません。数ページですが、私の過去にお付き合いください。

いまでは毎月のように日本を訪れ、全国のドラッグストアや最新コスメを紹介するガイド書を制作するようになった私ですが、その原点は2012年2月に『東京ショートトリップ&クスリ購入マップ：外用薬編（東京小旅及保健採購地圖：外用藥篇）』という本

を台湾で出版したことでした。

タイトルにもあるように、東京に旅行に行ったついでにドラッグストアに立ち寄り、購入すべき日本のおすすめ市販薬を紹介する内容です。同年7月には『内服薬編』も出しました。

これらの本をつくるきっかけは、当時フリーの翻訳家だった私のもとに、家族や知り合いから日本のクスリに関する質問が多く寄せられていたことです。彼らは日本で購入してきたクスリのパッケージを持ってきて、何が書いてあるか教えてほしいというのです。


おかしな話ですが、彼らは効能や処方の書かれたパッケージや説明書の**日本語が読めないのに、日本に行くと必ずクスリを買ってくるのです**。なかには「私はドラッグストアで何を買えばいいのでしょう?」と聞いてくる人もいます。「こういう症状があるからよく効くのはどのクスリか?」という質問ではないのです。

とにかく台湾人は日本のドラッグストアに行って、いいものを買って帰りたい。そしてみんなに配って満足したい。しかもなるべくたくさん……。だとしたら、彼らの買い物に役立つ本があれば、喜ばれるのではないか。

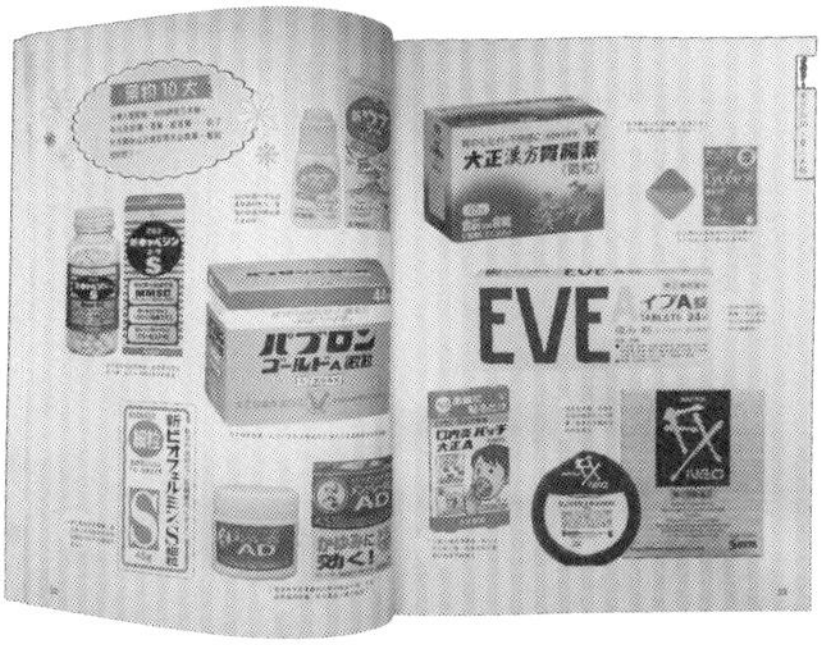

台湾でベストセラーとなった『東京ドラッグ＆コスメ研究購入』の表紙（右）とその誌面（左）

とはいえ、最初はどんな本をつくったらいいか、明確ではありませんでした。そこでまず優れた日本のクスリのリストをつくり、効能別に分類しました。私の最初の2冊が「外用薬編」と「内服薬編」に分かれているのはそのためです。

読者が日本語をわからなくても目当てのクスリが探せるように、パッケージの写真を集めました。パッケージをきれいに見せれば、間違うことなく買い物できる。それがいちばん大事なことだと考えました。

さらに、台湾人が東京で掲載したクスリを買うことのできるドラッグストアを厳選し、連絡先を紹介することにしました。店の選択はそれまでの自分の経験に加え、東京に来て現地視察も行いました。裏通りにある店などではなく、なるべく外国人にもたどり着きやすい店にしたのです。より実用的にするために、クスリの情報だけでなく、旅行情報も入れました。

その後、読者からコスメガイドもほしいとの声があり、日本のコスメショッピングガイドの第1弾となる『東京ドラッグ&コスメ研究購入（東京藥妝美研購）』を出版しました。これまで出した2冊と違うのは、コスメや美容商品をメインに扱ったことです。900点以上の商品をジャンル別に選んでカタログ風に分類し、解説した台湾初の案内書です。

この本は日本の人口の5分の1に過ぎない台湾で1万部以上売れました。

この本の読者は、主に20〜40代の日本好きの女性たちです。支持されたいちばんの理由は、日本語がわからなくても使える内容だったことです。写真をきれいに見せることにとことんこだわったことが功を奏しました。

「日本のコスメ情報」を渇望する台湾の女性たち

著者のセミナーで日本製品の情報を熱心に求める台湾の女性たち

その後、私は本の販促も兼ねて、読者を集めた日本のコスメセミナーを始めました。いまでは地元台南だけでなく、台北に呼ばれて行うこともあります。セミナーの来場者の8割は女性です。

2015年に開催したセミナーは、新刊発表会のほかに、母校に呼ばれた学生向けの講演会や企業向けの日本製薬会社の歴史紹介、台湾の大手旅行会社ライオントラベルの会員向けの日本観光＆コスメショッピングガイドなど、年間で10回以上行いました。

本を制作するのに、取材や執筆、編集作業を含め、1冊平均で半年以上かかります。より即時的に、日本の情報を読者に伝えるため、12年7月に公式フェイスブックページ『日本へ行こう！　ドラッグ&コスメを買おう！（日本GO！薬品美妝購）』を開設しました。その後、日本のクスリやコスメ情報を発信する「日本薬粧研究室」を設立し、15年10月にはフェイスブックページも『日本薬粧研究室』に改名しました。

日本薬粧研究室の活動としては、日本の医薬品やコスメのメーカーを取材し、記事をまとめ書籍として出版すること。さらに、日本のクスリやコスメ、旅行、お菓子、文化、買い物情報などをフェイスブック上に発信しています。頻度としては1日2〜3回発信するよう心がけています。メーカーからもらった試供品を会員向けの抽選プレゼントにすることもあります。

載せきれない情報、たとえば新店舗のオープンやホテルの体験記、最近台湾でも注目されている美容家電の使い方などは、『日本薬粧研究室』のブログに詳しく書いて載せるようにしています。会員からの質問や情報提供もあります。会員の人たちは、私が書くものは、自分の足で稼いだ情報であることを理解しているので、「鄭さんの情報は広告や宣伝ではないから、信用できる」と評価してもらっています。おかげで15年1月には約2万人だった会員数は16年1月現在4万7000人を超え、この1年で倍増以上の伸びを見せています。

主語がすべて「台湾→中国」に変えられた翻訳出版

２０１２年末に日本のコスメショッピングガイドの第1弾を出版し、年が明けてしばらくすると、中国のある出版社から問い合わせがあり、この本の版権を買いたいという話がありました。特に断る理由もないので、版元と相談し、すぐに中国の読者向けの簡体字版が出ることが決まりました。こうして14年4月『東京コスメショッピング全書（东京美妆品购物全书）』が中国で刊行されました。

なぜ中国の出版社が私の本に興味を持ったのか聞いたところ、版権を交渉した版元の編集者によると、中国側は「中国でも日本のドラッグストアの商品は人気があるが、**それを中国人が書いても信用されない**。台湾人であれば、日本のことをよく知っているから、読者もその内容を信用するだろう」と言ったそうです。

私は中国の出版事情について詳しくないので、そんなものかなと思って言われるまま契約を交わしたのですが、本が出るまでに1年以上かかりました。理由を聞くと「中国では海外の書籍を出版する場合、一文字一文字チェックするため、時間がかかる」そうです。

中国で出版された「東京コスメガイド」。台湾版と表紙（69ページ）が異なる

後日、私の手元に中国から届いた簡体字版を見て、その理由がわかりました。本のタイトルもそうですが、表紙がまったく違ったデザインに変わっていたのです。台湾版の表紙の基調色は赤でしたが、中国版は黄色で、まったく別の本のように仕上がっていたのです。

しかも、中国版の表紙にはキティちゃんが商品パッケージの切り抜き画像として勝手に使われていました。台湾版でも、本文の中にはパッケージにキティちゃんが小さく写り込んでいる商品は一部ありましたが、キャラクターのみを取り出して使うようなことはしていません。私は著作権のことをふまえているからです。

本編は基本的な構成は踏襲されていましたが、デザインはまったく変わっていました。中国側のデザイナーが一からつくり変えたのだそうです。何より驚いたのは、私のプロフィール紹介の文章が書き換えられていたことです。台湾版では、私は自分のことを日本語の翻訳家で、日本のクスリやコスメの研究家としていたのに、中国版では日本と韓国の専門家にされていました。台湾版では韓国のことなどひとこともプロフィールで触れていないのに。出版社が著者プロフィールを創作するなんてことが中国では普通なのでしょうか。しかも、台湾版の「作者簡介（紹介）」に載せていた私の助手で撮影を担当した林建志や、大切な日本の協力者のプロフィールが写真ごと削除されていたのです。呆れてモノが言えませんでした。

他にもあります。中国と台湾では同じ中国語でも表現は大きく違います。台湾語の意味がわからない中国の読者がいてもおかしくないので、中国風に文章を書き換えることは必要でしょう。でも、「台湾」という主語がすべて「中国」に変わっていたのはどういうことなのか。これらの書き換えはすべて著者に対してなんの承諾もなく、勝手に行われていたのです。

同書は中国で5000部発行され、それなりに売れたように聞いています。

後日、中国のECサイトを見て笑ってしまいました。同書がディスカウントされて売られていたのはいいのですが、なんと本の内容をそのままコピーした海賊版のPDF版までネットで売られていたのです。わずか90円（5人民元）でした。中国のアマゾンでもキンドル版が出ていて、価格は約200円（10・74人民元）でしたが、自分の知らないところでこんな風に流通しているのかとちょっと驚いたものです。

その後しばらく中国側からはなんの音沙汰もなかったのですが、最近になって私のコスメショッピングガイドの第2弾と第3弾の版権を買いたいという別の出版社からの問い合わせが台湾の版元にあったようです。また第1弾の版権を買った出版社からも、次の新刊を中国でも発売したいと言ってきたそうです。なぜ急に中国側がそんな反応を見せてきたかというと、2015年の夏頃から私の本に関して日本のメディアからの問い合わせが中国の出版社に何度もあったからと聞きました。その理由については、以下に述べることにします。

中国のネットで拡散した「神薬《かみやく》」

私のコスメショッピングガイドの中国版が出て数カ月たった2014年の夏頃からでしょうか。中国のネット上に「**神薬《かみやく》**（日本に行ったら買わねばならない12の医薬品）」と呼ばれる商品リストが流れるようになりました。中国版ラインといわれる微信《ウェイシン》（WeChat）

というSNSを通じて瞬く間に中国全土に広まったのです。
この情報を発信したのは誰なのか、私にはよくわかりませんが、これが「神薬《かみやく》」のリストです。

『サンテ ボーティエ』（目薬／参天製薬）
『アンメルツ』（液体筋肉痛薬／小林製薬）
『サカムケア』（液体絆創膏／小林製薬）
『熱さまシート』（発熱用湿布／小林製薬）
『イブクイック頭痛薬』（頭痛薬／エスエス製薬）
『サロンパス』（湿布薬／久光製薬）
『ニノキュア』（スキン薬／小林製薬）
『ハイチオールC』（美白薬／エスエス製薬）
『ビューラック』（便秘薬／皇漢堂製薬）
『口内炎パッチ』（口内炎薬／大正製薬）
『命の母』（女性薬／小林製薬）
『龍角散ダイレクト』（のど薬／龍角散）

これらのほとんどは私が書いた『東京コスメショッピング全書（东京美妆品购物全书）』の中で紹介した約１００種のクスリと重なっています。日本のドラッグストアで売られる何百、何千という商品の中から、約１００種を選び抜いたのですが、それがこの12商品とほとんど重なる確率は……きっと理由があることにお気づきになることでしょう。

この頃から日本のドラッグストアに押し寄せる中国人観光客の爆買いが、現場の関係者の間で話題になり始めていました。台湾人をはじめとした多くの外国人観光客は、そのずっと以前からドラッグストアで買い物していたのですが、この動きにいまや爆買いの主役となった「中国人観光客」が加わるようになったのです。日本のドラッグストア関係者からも、私の著書（台湾版も中国版も）を手にして来店する中国人観光客の姿が見られるようになった、という話を聞きました。

こうして私は思いがけず、「**爆買いの仕掛け人**」とか「**火付け役**」とか呼ばれるようになったのです。２０１５年の夏、日本の一部のメディアが中国の出版社に「爆買い」「神薬《かみやく》」の事情を問い合わせたのは、そのためだと思います。

考えてみると、これは実に興味深い現象です。おそらく中国の誰かが私の本をひとつの元ネタとして参考にしながら、日本のドラッグストアを訪ね、その人なりの観点で中国人に日本のクスリを広めようとしたのではないかと推察できるからです。

それは「神薬《かみやく》」という言葉によく表れています。もともと「神薬」という表現は中国語にはありません。語源は日本です。たとえば、日本では、素晴らしい言動をとった人物や行いに対して、ネット上で「神対応《かみたいおう》」などと称賛します。また、日本のアニメやゲーム、動画中継などでも、感動するほどスゴイと感じたときに、「神《かみ》!」と、絶賛の気持ちを表すコメントもよく使われます。実はこの表現が台湾でも「好神《ハアオシエン》!(スゴイ!)」などと転用され、若い世代の間で長い間使われていました。「神薬《かみやく》」が生まれた背景に、これらの日本語や日本の社会をよく理解した中国人の発案があることは間違いないでしょう。

ちなみに、この12神薬《かみやく》のリストをネットで見た台湾人の多くは「ちょっと古い商品リストだな。中国人向けの内容だろう」と感じたようです。なぜなら、すでに私は2013年末に、第2弾の『東京ドラッグ&コスメ研究購入2(東京藥妝美研購2 東京薬粧捜査最前線）』を台湾で出版していて、さらに新しい情報を台湾の読者向けに提供していたからです。

中国の日本ブームは、台湾・香港から始まる

実は、このようなことはよくあります。**中国のネットに広まる日本の情報の多くが、台湾や香港経由であること**は以前からずっとそうだったからです。日本に関心のある中国人はこれまでクスリに限らず、アニメでも芸能でも何でも、台湾経由で情報を仕入れていたのです。台湾人のフィルターを通すことで、中国人にも日本の事情をわかりやすく理解できたからでしょう。ただし、台湾にあふれる日本のすべての情報に彼らが飛びついたわけではない。そもそも台湾人は昔から日本のクスリを愛好していたわけで、いまに始まったことではありません。どこかの時点で一部の中国人がその価値に気づくときが来て、突然中国全土に広まるというわけです。何がどんなきっかけで広まるかは、日本や台湾の事情には関係なく、中国社会自身の変化によるものでしょう。

だから、台湾で流行っていたことが時間差をおいて中国に広まるケースはこれまでもよくありました。たとえば、日本の空港の免税店で台湾人が好んで買っていたお菓子を

中国人観光客が同じように買っていく光景はよく見られます。ジャガイモに限りなく近い独特の食感が人気のカルビー『じゃがポックル』がそうで、いまは中国人も買うようになっています。**「台湾人が選んだものは信用できる」と中国人は考えているのです。**

そこへきて、いまやネット時代ですから、いったん情報が広まると、波及するスピードは速い。私の本の出版からわずか数カ月後に「神薬」リストが広まったのも、そのためだったのです。

実をいうと、私が台湾で２０１２年に出したコスメショッピングガイドの第１弾も、すぐに海賊版としてＰＤＦ版が中国のネット上で販売されていたことがあとでわかりました。つまり、中国版が発売される以前から、私の本は中国の一部の人たちに読まれていたことになります。その内容に大きく影響を受けたと思われる「神薬《かみやく》」が２０１４年夏、ネット上に爆発的に広まった結果、一般の中国人観光客まで日本のドラッグストアに殺到するようになった。**爆買いはこうして始まったのです。**

私にしてみれば、本来台湾の読者のためにやっていたことにすぎず、こんなことになるとは夢にも思っていませんでした。でも、これはとても面白いことです。私の発信した情報がこれほど広範囲に影響力を持つのだとしたら、やりがいを感じます。

2015年「爆買い」が新語・流行語の大賞に

私は台湾人なので、SNSはライン（LINE）とフェイスブックを使っています。先に述べたとおり、中国人は微信《ウェイシン》（WeChat）というSNSを使っていて、基本的には情報の相互交流はないはずです。

中国のネット事情について私は詳しくないので、「神薬」の話も、日本に来て知るようになった経緯があります。「神薬」のウワサはネットを通じて日本にもすぐに伝わったからです。この情報に敏感に反応したのは、日本の医薬品メーカーの方たちでした。

ちょうどそれは日本政府が外国人に対する免税対象品目を拡大した2014年10月の頃で、同じ年の春頃から日本のドラッグストアに外国人観光客が押し寄せ始めていたこともあり、一部の日本の関係者はそのウワサに関心を持ち始めていたのです。これからますます中国人も現れるようになることを期待させるに足る情報だったからです。

その頃、私はコスメショッピングガイドの第3弾の出版準備のため、東京で取材をしていました。でも、当時はまだ台湾からやって来た私のことを理解してくれる日本人はそんなに多くなく、取材先に断られることもしょっちゅうでした。

私はこの本の日本取材を自腹でやっていました。確かに、台湾では私の本は好評でしたが、台湾の出版市場は小さく、売れてもそんなに印税がもらえるわけではないのです。だから、航空運賃もホテル代も、日本での交通もすべて自腹。14年末頃には、翻訳の仕事で稼いできた貯金も使い果たし、助手の給料も半年以上払っていませんでしたから、こんなことがいつまで続けられるだろうかと頭を悩ませていました。面白い仕事だから、ずっと続けたいけれど、経済的にそろそろ続けるのは難しいと感じていたのです。

状況が大きく変わったのは、年が明けた15年初春でした。日本では**春節（ツゥンジェイ／しゅんせつ）**に多くの**中国人観光客が訪れ、ドラッグストアで爆買い**する様子が大きく報道されていました。

不思議なことに、春節後、取材のために東京を訪れた頃から、私の周りに理解ある日本人が現れ始めました。取材に協力してくださる人たちも格段に増えたのです。驚くべき変化でした。

こうして同年8月、第3弾の『日本ドラッグ&コスメ研究購入（日本藥妝美研購）』を刊行することができました。この本では、これまでとは違い、東京や大阪などの大都市圏のショップ紹介のコーナーに加え、北陸新幹線の開通で注目されている金沢のご当地コスメを特集しました。きっとこれからは多くの台湾人が北陸まで足を延ばし、自分なりのご当地コスメを見つけてくれるのではないかと思います。

この本の刊行以降、日本のメディアや医薬品メーカー、コスメメーカー、地方自治体の関係者など、いろんな方からの問い合わせが来るようになりました。みなさんの関心は、私がこれまで続けてきた仕事の中身にあることがわかったので、本当にうれしいです。

２０１５年末、日本で「爆買い」が**新語・流行語大賞**となるまでには、こうした舞台裏があったのです。

2章

日本人が知らない日本のすばらしさ

台湾人だからわかる日本のすごさ

私は日本のクスリやコスメに関する本を書くずっと前から、年に数回日本を訪ねていました。そのたびに、ドラッグストアやバラエティショップを回りながら、新製品をチェックしたり、気になる商品を買い求めたりしていました。同年代の友人は日本に旅行に行くと、グルメやファッション、アニメなどを楽しんでいましたが、私は一日中ドラッグストアめぐりをしていました。ずいぶん変わり者かもしれません。でも、それがたまらなく面白かったのです。

本を出すようになって以降、私はさらに日本の多くの場所を訪ね、いろんな人に会う機会も増えました。これまで以上に日本人のしぐさや会話、ことば遣い、応対の様子、モノの見方や考え方、社会のしくみやルールなどをじっくり観察するようになりました。

そのたびに「えっ」と驚いたり、不思議に思ったり、なるほどなあと思ったり、いろいろです。自分の感じたことを親しい日本人に話すと、たいていの場合、一瞬キョトンとしてことばを探そうとします。なぜなら、私の指摘の多くは日本人にとってはごく当たり前のことにすぎないので、どう返答すればいいのか一瞬考えてしまうからのようです。たとえば、日本人はなぜ普段でも和服を着るのか、と聞かれても、すぐには答えられないでしょう。でも、私からみると、そういうことも含めて、日本人の当たり前ほどすごいことはないと思うのです。

ではこれから、日本人が気づいていない日本のすごさについて述べていこうと思います。自分で言うのもなんですが、**台湾人ほど日本人の長所を見つけるのが得意な人たちはいません**。なぜなら、台湾人ほど長く日本人と交流してきた人たちはいないからです。たとえアメリカに憧れはあっても、一般の台湾人は、彼らとの交流は日本ほどではありません。ただその一方で、自分の中に「**華人**《かじん》」としての、明らかに日本人とは異なる価値観があることもわかっています。ここでいう華人とは、「**中国語を話す人たち**」というくらいの広い意味で、中国や台湾、香港などの人たちをさすことばとして使っています。

なぜ日本人はそこまで徹底してやるのだろうか。そういぶかしく思ったり、違和感を覚えたりすることも多々あります。

それでも、台湾人はこれまでさまざまな面で日本を見本にしてきたのです。別に日本人をおだてたいわけではないのですが、いまでも日本を見習いたいと思うことはたくさんあります。

日本人の「当たり前」に驚かされる

これまで私はコスメショッピングガイドの執筆のため、何百、いや何千という日本の製品をチェックしてきました。何より感心しているのは、**計算され尽くしたパッケージのデザインです**。クスリを入れる紙箱ひとつとっても、決して適当につくられていないからです。

メーカーに取材に行くと、担当者から製品の特性だけでなく、販促についてもいろいろ話をお聞きします。日本ではクスリのパッケージには産業デザイナーがいて、商品の効能や特性を伝えるメッセージや顧客に手に取らせるためのしかけを盛り込もうとしていることを知りました。これは日本の企業にとっては当たり前のことかもしれませんが、私はとても勉強になりました。

なぜなら、台湾の市販薬のパッケージに比べると、その違いは歴然としているからです。最近少し改善されてきたのですが、たとえば目薬なら、これまでの台湾のパッケージは白っぽい単調な色合いばかり。紙箱に目のイラストがただ描かれていて、適応症を説明する文字がいくぶん強調されているだけのものがほとんどでした。

日本のコスメのパッケージのひとつの特徴として、ハローキティやスヌーピー、ディズニーなどの人気キャラをうまく採り入れていることがあります。たいてい期間や数量が限定されたバージョンなので、台湾人はそこに希少価値を感じて、ついパッケージ買いしたくなります。

さらに、日本では『龍角散ダイレクト』のようにラメを入れたパッケージデザインがよく採用されています。これはのど薬ですが、ミント味とピーチ味の2種類があり、飲みやすい顆粒状になっていることが特徴です（トローチタイプにはマンゴー味も）。龍角散は200年以上の歴史をもつ老舗企業であり、龍角散自体も伝統あるクスリなのに、こんな斬新なパッケージで売り出しているこ

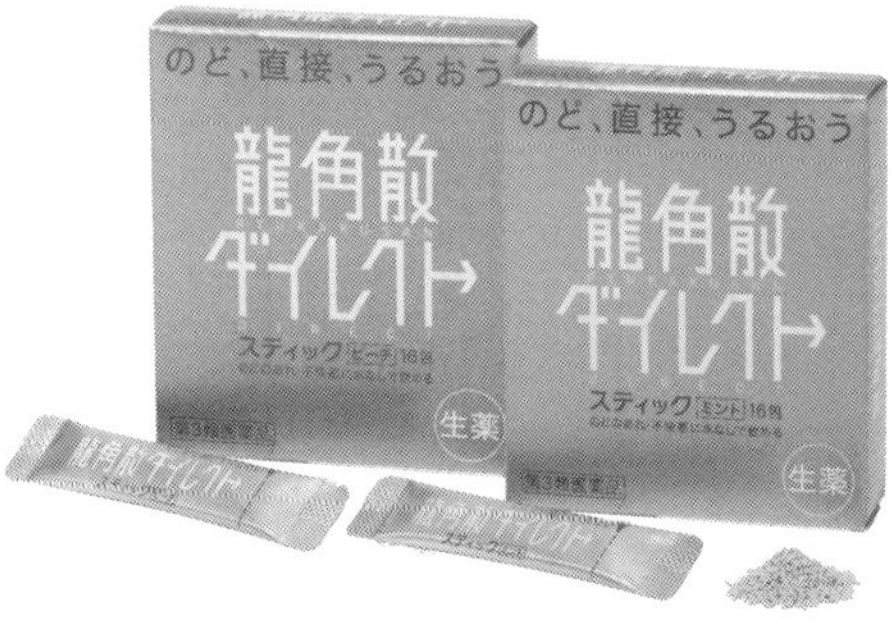

とは驚きといっていいのではないでしょうか。

ロート製薬の『リセ』（45ページ）もピンクを基調にしたラメ入りデザインです。台湾ではピンクをクスリの色に使う発想はありません。これを手にする女性にとってはおしゃれアイテムのようなものです。

それ以外の目薬でも、青やオレンジ、緑、紫、シルバー、ゴールドなどのカラフルで大胆な色遣いをしたデザインが多く、クスリのイメージを大きく変えています。これも台湾人がついパッケージ買いしたくなる理由です。色がきれいでかわいいからというような理由でクスリを手に取ってしまうという購買行動はこれまでなかったからです。

それだけビジュアルのインパクトが強いので、台湾人の多くは、自分のお気に入りのクスリのパッケージが目に焼きついています。ですから、パッケージがリニューアルされてしまうと大変です。こんな話があります。先ほど触れた『リセ』が台湾で販売され、人気が出たときの外箱のパッケージはかわいい花柄だったので、「小花眼藥水」（花ちゃん目薬）という愛称で呼ばれていました。ところが、パッケージのリニューアルで花柄がハート柄に変わりました。もちろん、リニューアル後のパッケージには、英語の商品名を表記してありますが、台湾人の間では「花ちゃん目薬」というイメージが強すぎて、リニューアル後の製品は本物かニセモノかというちょっとした論争が起きたのです。私の読者からもそのようなメッセージがたくさん届きました。

一般に商品パッケージをリニューアルする場合、製品開発努力によって新たな効能を追加したり、新鮮感を打ち出して商品イメージの刷新を図ったりと、さまざまな理由があります。**常に製品の質を進化させ続けようとする日本人のモノづくりの精神は、とてもすばらしい**。しかし、日本人にとってはたいしたことではないパッケージの変更も、日本語の読めない外国人を大いに戸惑わせることもあるのです。ぜひ今後、商品パッケージをリニューアルする際は、パッケージ買いしている外国人も多い海外向けにはわかりやすい説明告知を出してもらうとありがたいです。

「感動」の域にある容器デザイン

さまざまな工夫が施されているのは、パッケージだけではありません。私が感動するのは、**容器のデザイン性の高さ**です。たとえば、蜂蜜成分を含んでいるシャンプーのボトルに、何気なく容器から蜂蜜が垂れているようなデザインが施されているのを見るとき、「こういう発想はどこから来るのだろう、使いきってても捨てるのはもったいない」と思ってしまいます。

ごく一般的な目薬の容器の形状もすごいと思う。丸い、四角い、楕円状、水滴状などさまざまです。これも台湾人の購買意欲を刺激するポイントになっています。

キャップも工夫されていて、片手でパチッと簡単に取れる。使う人の便利さをどこまでも考え、容器のデザイン性に人間工学を考えたモノづくりを採り入れている。こうしたこともすべて日本人にとっては当たり前のことなのかもしれませんが、台湾人には驚きを超えた感動の領域なのです。

たとえば、参天製薬の目薬の『サンテ ボーティエ』は、まるで香水瓶のようなおしゃれな容器が人気の理由です。この容器は吉岡徳仁という日本の有名なデザイナーが手がけています。実はこれは12の「神薬」のひとつなのですが、多くの中国人にとって、これがクスリの容器だとは思えなかったでしょう。お土産としても、とても高価に見えるので、面子が立つはずです。

遊び心をうまく採り入れるのも、日本製品の特徴です。

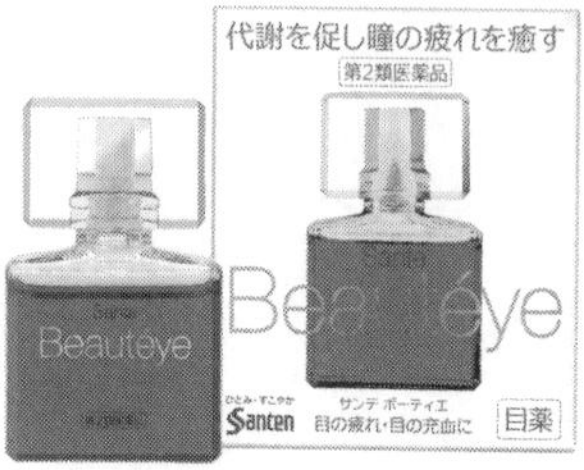

サンテ ボーティエ

ロート製薬の『チューリップ』はリップクリームなのですが、卵のようなかわいらしい形と6つの異なる香りとカラフルな色展開をした容器が台湾の若い女性に人気です。口をすぼめてキスするように、ボール状のリップクリームを塗れるのも楽しいポイントです。

カネボウのフェースアップパウダーの『ミラノコレクション』も、台湾ではファンがたくさんいます。女神や天使をあしらったコンパクトのデザインの芸術性の高さがその理由です。しかもデザインは毎年変わり、例年12月中旬に発売されます。ただし、毎年6月に予約販売なので、幻の逸品とされ、なんとしてでも手に入れたいと考える台湾の女性がいるのです。

こうしたデザイン性の頂点ともいえるのが、資生堂ではないでしょうか。昨年、私は静岡県掛川市にある資生堂の資料館を見学に行きました。そこで見たのは、創業140年以上という資生堂がこれまで発売してきた製品の歴史でした。いちばん感心したのは、創業者が自社の製品を芸術の領域にまで高めたいという美学を持ってい

ミラノコレクション

たことでした。そのひとつの象徴ともいえるのが、1897年につくられた『オイデルミン』という化粧水です。

商品の容器やパッケージを芸術品のように美しくデザインすることを、資生堂では100年以上前から考えていたのです。今日、日本のコスメ文化が花開いている背景には、こういうマインドが創業時からあり、その遺伝子が受け継がれているからだと思うのです。ちなみに資生堂は世界の香水瓶のコレクターでもあるそうです。

日本の「贈答文化」の奥深さとは

私は日本のデパ地下に行くと、いつもめまいがしてしまいます。さまざまな商品パッケージが並び、独自に工夫されたデザインにはそれぞれ日本の製造者の思いが込められていることを想像してしまうからです。

パッケージのデザインもそうですが、お菓子を詰める紙箱もただの入れものではありません。紙でもしっかりつくられていて、日本の伝統的な絵が描かれていたりすると、**宝箱のように感じます**。食べた後、いろいろ別の用途に使えることも魅力です。だから、台湾人の中には日本のお菓子を詰める鉄箱をコレクションしている人がいます。姉もそのひとりで、お菓子を買うときは少々重くなってもいいから、鉄箱のものを買ってほしいと言われます。残念ながら、台湾では包み箱は捨てるもので、デザインはそれほど考えていない場合が多いです。

日本の贈答文化が背景にあるのだと思います。日本人は誰かの家を訪ねるとき、何を手土産にするのがふさわしいか、相手や目的、時節によっていろいろ思案するそうですね。私もその奥深い世界をもっと知りたいと思います。

その一方で、面白いと思うのは、よく日本の雑誌の記事で「ワンコイン（500円）」とか「1000円」以内のおすすめ土産を紹介していたりすることです。これを見たとき、そうか日本人も手ごろな値段のお土産をたくさんの人に配らなければならない場面があるのだなと思いました。でも、台湾人はあまり「○○円」以内ということは考えません。そういうと、ずいぶん太っ腹だねと思われるかもしれませんが、台湾人が誰かにお土産を買うとき、その人に合うものは何かをすごく考えます。日本人以上に相手との「関係《グァンシー》」を気にするからです。いくら以内で買おうかということよりも、むしろ自分だけが見つけたスグレものの逸品をお土産に渡すことで、どれだけ相手に自分を印象づけられるか。それができたら、自分の勝ちみたいなところがあります。そう、お土産は勝負の場でもあるのです。こういう感覚は、日本人には理解できないかもしれませんね。

日本の包み紙の美しさも、文字どおり捨てがたいものがあります。伝統的なものも魅力ですが、現代的なものも台湾人を惹きつけてやみません。先日奈良でお土産をたくさん買いました。お土産の包み紙には、和風もあればゆるキャラもある。とにかく、いろいろあってどれを選んでいいのかわからなくなったので、私は中身のことは気にせず、見た目で何を買うか決めていました。衝動的にパッケージ買いしたくなったのです。

台湾のことばに「**卡哇伊**《カワイ》」があります。意味は「可愛い」で、発音もほぼ同じです。本来、このイメージを公式的に使えるのは日本人だけだと思うのですが、台湾では少しずつこれを採り入れています。いえ、最近では、**日本への逆輸入現象**まで起きました。

いま、台湾の高雄市内の地下鉄では、『高捷少女』という可愛い女の子たちがオフィシャルキャラとなり、車両や駅構内を埋め尽くしています。この『高捷少女』、どう見ても日本のアニメキャラにしか見えません（左ページ写真参照）。もちろん、この車両は台湾全土でも話題になっているのですが、なんと近々日本で、『高捷少女』の小説が刊行されることに。執筆するのは、日本でも活躍する台湾出身のライトノベル作家・三木

『高捷少女』で埋め尽くされた台湾の電車内（口絵参照、画像提供：王昭雯・廖健延）

なずな、書名は『進め！高雄少女（仮）』だそうです。台湾の地下鉄が丸ごと日本のアニメ文化にパッケージされて（包まれて）しまったかと思えば、それがまた日本でもコラボレーションされるなんて。「卡《カ》哇《ワ》伊《イ》」の新たな広がりを感じた出来事でした。

台湾人は、早い時期から産業として発展してきた日本のアニメ文化に、大きな影響を受けています。アニメだけではなく、台湾の産業デザイナーも日本留学経験者が多いです。欧米留学組より日本留学組のほうが人気で、活躍しています。

世界唯一!?　のUFOキャッチャー

日本のショッピング施設の売り場は明るくきれいだといつも思います。照明の当て方がよく考えられている。ドラッグストアの場合は、健康になれることをイメージしてひたすら明るく、コスメの売り場では女性が美しく見えるような温度感のある照明にしています。

商品棚の並べ方もわかりやすい。台湾では百貨店はちゃんとやっていますが、街場の店では商品の陳列もごちゃごちゃしていて、どこに何があるか見つけるのが大変です。中国でも高級なブランド店にでも行かなければ、同じです。

日本は四季がはっきりしていて、季節によってディスプレイが変わるのは、台湾人である私には新鮮です。季節により、店により雰囲気が変わるので、ワクワクします。亜熱帯気候の台湾では日本のようにいかないのは仕方がないですが、年中陳列が同じで変化があまり見られません。それでも最近、台湾のセブン-イレブンでは店の入口に季節商品の売り場を設けています。日本の陳列文化を採り入れているのです。

先日、有楽町のロフトに行きましたが、冬の入浴グッズのコーナーが面白かったです。何より目を引いたのが、小さな木の浴槽に座っていた子ザルのディスプレイで、気持ちよさげに入浴している姿は、まるで長野県地獄谷の露天風呂に入るサル、スノーモンキーのようです。どうして外国人観光客の間でスノーモンキーがこれほど人気かというと、サルが人を恐れることなく、安心して入浴できるほど平和な光景に癒され、感激するからです。私はこのディスプレイを写真に撮って、すぐにフェイスブックにアップし

観光客が記念写真をたくさん撮っていたディスプレイ

ました。実は店内には、私以外にもこのサルの写真を撮っていた外国人がたくさんいました。こうしてこの子ザルはＳＮＳを通じて世界に広がっていくのです。

ところで、ちょっと面白いと思うのが、日本のドラッグストアの販促活動です。道端に看板を出して客引きし、店員さんが呼び込みをしている光景をよく見かけます。台湾では店員さんはあまり声を出したりしないので、日本人は普段はおとなしいのにこういうところは違うのだなと思うのです。

日本ではよく週末に特別な販促をやっていますね。雨の日のサービスもある。ゲームセンターでの、ＵＦＯキャッチャーの雨の日割引なんて、日本独特だと思います。

台湾では、雨といえばどしゃぶりのスコールです。傘をさして外出するのは、どうしても行かなければならない用事があるときだけ。東京のように地下鉄があるのは、台北と高雄だけで、台湾人は普段バイクに乗って移動しています。どしゃぶりのときにずぶ

台湾の移動手段はバイクが最もポピュラー

濡れになってバイクに乗るなんて考えられません。だから、台湾では雨の日は誰も好き好んで買い物には行かないから、販促をやっても仕方がないと考えているのです。

日本の店員さんは、店内でも一生懸命です。台湾の場合、店内に流れているのはＢＧＭだけですが、日本では店員さんが「いらっしゃいませ」と声を上げ、とてもにぎやかです。日本では店員さんは声を出すけれど、お客さんは静か。地下鉄の中もそうです。日本は静か。でも、台湾は逆で、店員さんは口数少なく、お客さんがうるさいです。この違いってちょっとおかしいですね。

商品ポップが店内のいたるところに貼り出されているのも、日本の特徴です。手書きのものも多い。さすがにちょっと多すぎるかもと思わないではありません。説明が多すぎて、そんなにすべて読んではいられないので、これがお客さんにとって本当に親切といえるのかどうか微妙な気もします。

台湾にも商品ポップはあるにはありますが、さすがに多国語対応のものはない。日本は最近、訪日外国人向けの取り組みを強化しているせいか、中国語や英語、タイ語まで併記されています。ただし、ちょっとおかしな中国語も多いです。読んで意味がわからないものもある。詳しくは、4章で述べたいと思います。

日本の「工事現場」で見たありえない光景

台湾人が日本で買い物をするのが好きなのは、質の高い製品が買えるからですが、それと同じくらいサービスの質がいいからです。伝統的な日本のサービスが私は大好きです。店頭で「いらっしゃいませ」とていねいに笑顔で迎えられると、本当に気持ちがいいのです。自分は大事にされている、もてなされていると感じるからです。

台湾はアジアの中でも日本の次にサービスの質が高い国だと自負していますが、日本に比べるとまだまだだと思うことが多いです。

たとえば、アパレルのお店で洋服を買うと、店員さんが店の外に出るまで商品を入れた紙袋を持って送り出してくれます。最初はちょっと恥ずかしかったけれど、台湾にはこういう接遇はありません。

台湾でも日系百貨店などで数年前くらいからやるようになったのですが、雨が降ると、買い物した紙袋にビニールカバーをつけてくれるのは日本を参考にしたからです。台湾ではこういうのを「**日式サービス**」といいます。台湾人は「日式サービス」を受けると、とてもうれしくなります。だから、サービス業の研修は日本式を採用するところが増えています。

地方空港では機内からロビーまでボーディングパスが結ばれていないことが多いので、雨の日はタラップを降りて歩いてロビーまで行かなければなりません。そんなとき、日本では当たり前のようにタラップの下に傘が用意されています。

これは接客とは関係ありませんが、いつも感心するのは、日本の工事現場です。ビルを建てるとき、すべてをカバーで覆い尽くして中が見えなくなっている。だから、日本のビルの建築現場の周辺はきれいで、街並みに溶け込んでいます。台湾でも同じようなことを多少はするけど、日本ほどしっかりはやらない。街路樹の枝を切るときも、枝葉が道に落ちないようビニール幕を張って、受けとめている。こういうことも、台湾では絶対ない。道路工事の場合、両側にガードマンが立って交通整理してくれることもそうです。日本人に聞くと「これらはすべて制度化されているからで、何か事故があると訴訟問題にもなるので、それを未然に防ぐため」とあっさり説明してくれましたが、台湾の建設関係者はそんなことまで考えていないと思います。いったい日本人は何をするにも、どこまで考えて仕事をしているのだろうと思うことがあります。

これもちょっとしたことですが、いかにも日本らしい気の遣い方だなと思うのは、コンビニでもスーパーでも、商品を詰めたビニール袋をレジで手渡してくれるとき、店員さんが持ち手をくねくねして渡してくれることです。すぐ手に持ちやすいように気配りしてくれているのですね。こういうとき、日本人って本当に細やかだなあと思ってしまいます。

日本人は外国人に道を聞かれると、たいてい目的地まで連れて行ってくれます。私もこれまでよくそういう経験がありました。最近、私も地方から東京に来た日本人に道を聞かれるようになりました。「なんで私に聞くの？」と心の中で思いつつ、ちょっと得意になって案内してしまいます。

思わず微笑んでしまったこともあります。昨年姉を連れてカジュアル系のあるアパレルブランドの店に行ったとき、店員さんが姉にバッグを紹介するとき、「この子はお似合いですよ」という言い方をするんです。そう最初に言われたとき、「えっ、誰のこと？」と私は思いました。そして気づいたのです。店員さんは自分の店で販売している**バッグを自分の子どものように擬人化**していることに。自社の商品に対する愛情といえばいいのでしょうか。若い女性の店員さんはその思いをこのように表現しているのだと理解したとき、とてもかわいらしく、日本人らしいなあと思ったものです。

「お客様は神様」にも驚愕する

なぜ日本人はそこまでやるのか。正直にいうと、日本の店員さんはストレスがたまっているんじゃないかと思うときがあります。それについて何人かの日本人に聞くと「そういうときもあると思うけど、たいていの日本人はそれほどストレスを感じずに接客をやっているんじゃないか。もともと接客の仕事が好きで、百貨店の販売員に憧れる女の子も少なくない。お客さんが喜ぶ顔を見るのがうれしいと普通に思っているのでは」と話してくれました。

本当にそうなのでしょうか。そんなことを言うと、ずいぶん疑り深いと思われるかもしれませんが、外国人の感覚からすると、日本人の接客はいささかやりすぎで、そこまでしなくても誰も文句を言わないのではないか、と思うこともあります。別の日本人は

「日本ではサービスのマニュアル化が進んでいるという面もある」と言っていましたが、私は日本人の場合、マニュアル化だけでそこまでしているのではないと感じています。

日本に来てもうひとつ不思議に思っていたことがありました。一般に台湾ではお客さんが支払いをすませ、店を出る前、店員さんに対して「謝謝《シェイシェイ》（ありがとう）」と言います。これは無意識の習慣です。でも、日本ではお客さんは何も言わないでスッと帰ってしまう。コンビニで観察していたら、日本のお客さんはレジでモノを受け取ると、何も言わず、「ありがとうございました」と言うのは店員さんのほう。私は日本で試しに台湾風に支払いの後、店員さんに「ありがとうございます」と言ってみたら、ちょっと驚いたような顔をされました。日本では店員さんのほうがお客さんに感謝を述べるのは当然で、お客さんはそれに応える必要はないのですね。

日本の企業はお客様の声を大事にするといいます。常に顧客のリクエストや要求に耳を傾け、それをかなえてあげようとする姿勢が見られます。接客についても、日本と台湾では基本となる考え方が少し違うように思います。

日本には「**お客様は神様**」ということばがありますね。これは台湾人、いや中華圏の人たちにとっては驚きです。一般に台湾ではモノをつくる技術を持っている人間は地位が高いという考え方があります。だから、**売り手のほうが買い手より偉いという感覚がある**。台湾が民主化する前の時代は、売るかどうかの主導権は製造者の側にあった。これはかつて社会主義計画経済だった中国でもそうで、**買い手より売り手が圧倒的に強かった**。それが経済発展とともにモノも豊かになり、サービスの考え方も少しずつ変わってきたのです。日本にもお客さんに厳しい頑固な主人の経営するラーメン屋や寿司屋がありますが、これとはどうやら違う話なのです。

いま台湾では日式サービスを採り入れていこうという機運があります。ただし、台湾にはクレーマーが多いので、それもなかなか大変です。日本人はよくサイレントクレーマーといわれ、何か不快なことがあってもその場では口にせず、さっとその場を立ち去り、二度と姿を見せないそうですね。台湾人はまったくその逆で、思ったことをその場でズケズケ言うところがあり、すぐに言ったことを忘れてしまいます。接客する側にすると、どちらがいいかは一概にいえませんが、台湾人が思いつきやその場の感情でクレームすることにすべてきちんと対応してはいられないという面がありそうです。

最近、台湾ではクレーマー事件がよくニュースになります。ほぼ毎日といってもいいかもしれません。先日もこんなニュースがありました。マクドナルドでは普通は食べたらトレイを自分で返却しますが、ひとりのおじさんがテーブルに置いたまま店を去ろうとしたので、店員さんが注意すると、その人は逆ギレして何十分も店内で怒鳴り続けたのです。周囲のお客さんはみんな怖がっていましたが、ひとりがその様子を動画に撮り、ネットにアップしたら、それがテレビで報道されたのです。もちろん、このおじさんを非難する内容です。

このような状況の中で、日本人の店員さんならどう対応したでしょうか。日本人のきめ細やかな接客は、やはり日本でしか体験できないものかもしれません。

「浴衣を着る」なんてフツーじゃない!?

私は日本の女性の浴衣姿が大好きです。いまの日本では、夏に浴衣を着るのは普通のことですが、これは国際的にみると、すごく特別なことではないかと思います。

世界中を探して、現代的な生活を送る先進国でありながら**伝統服を普通に着ているのは日本人くらい**じゃないでしょうか。海外ではまずこんなことはない。中国には旗袍《チーパオ》（チャイナドレス）はあるけれど、普段は着ません。台湾には原住民がたくさんいて、伝統衣装を持っていますが、日常的には着ていません。何かのイベントや特定の目的があるときだけです。

確かに、日本人も花火大会やお祭りのときに浴衣を着る傾向はありますが、特別な日でなくても見かけます。特別に用事がなくても、浴衣や着物をさりげなく着ている。日本では和服を着ている人に「お祭りに行くのですか？」とは誰も聞かないでしょう。それは考えてみれば、すごいことだと思います。古来の伝統を守り、現在にしっかり受け継いでいるからです。

その話をある日本の女性にすると「日本でも着物や浴衣を若い人たちが着るようになったのは、そんなに昔からのことではない。もともと着物は値の張るものだったが、若者にも手に入れやすい値段の手ごろな着物ができたことが大きい」そうです。でも、値段が安くなったからというだけの理由で、若い世代が伝統服を身に着けるものでしょうか。

日本の若者が伝統服を受け入れて、身に着けたいと考えるようになったのは、やはりそれが美しくカッコいいと感じているからでしょう。日本人は和服について揺るぎない自信を持っていると思います。

京都に行くと、世界中から来た外国人が和服を着て歩いています。外国人旅行者が京都や東京の浅草で浴衣や着物をレンタルして写真を撮ることが流行っているからです。数年前、京都で舞妓さんが歩いていたので、「写真を撮りたいのですが、よろしいですか」と日本語で声をかけたら「私は台湾人です」と答えられ、お互い変な気分になったことがありました。

日本人に限らず、外国人までもがみんな和服を着てうれしそうです。こういう光景を見るとき、うらやましいと思います。こういう文化が台湾にもほしいものです。最近ついに私も浴衣を買ってしまいました。

なぜ和服はカッコいいのか

日本の和服は本当にきれいだと思います。残念なことに、台湾人はチャイナドレスを見ると、どこかダサいと思ってしまう。自分は中国の伝統服を着たいと思ったことは一度もないのに、なぜ日本だけ伝統服がカッコいいと思えるのか。しかも、日本人だけでなく、外国人までそう感じている。

もしかしたら芸能人の影響かも？　浜崎あゆみがコンサートのとき、着物を大胆にデ

京都市内を「和服」を着て観光する中国人旅行客

ザイン化したすごく斬新な衣装を着ていたのを見て、多くの台湾の若者はおしゃれだと思いました。だから、台湾の女性は日本に旅行に行くと、着物を買って帰る人が多いです。でも、台湾では普段着物を着る機会がありません。まちに着物を着て歩く理由がないせいです。せいぜい大学の日本語学科の学生が文化祭のとき着るくらい。それでも目立つので、勇気が要ります。やはり伝統服というものは、その国で着なければ映えないし、美しさも成立しないもののようです。

　日本のバラエティショップなどに行くと、和柄をデザインした雑貨や小物の多さが目につきます。これらを見ていると、日本人の若者がただ芸能人の影響で浴衣を身に着けるようになったのではないことがわかります。むしろ日本の若者は和柄を好んでいるのです。

　台湾人の私でも、和柄はすぐにイメージできます。色味は紺や紫、赤など。色合わせは黒に金、赤など。本当はもっといろいろあるのかもしれませんが、最近台湾でオープンした日本の焼肉店の内装はたいてい黒に金や赤が使われていて、台湾人はそれを見ると日本っぽいと感じます。

柄も特徴的です。代表的なモチーフはサクラの花びらや紅葉、ウサギ、招き猫など。これももっといろいろあるでしょうが、台湾人にとってこういうのが和柄のイメージです。

ただし、それらの和柄をよく見ると、一見伝統的なモチーフを造形化しているのですが、どこかアニメっぽいところもある。すごく現代的にも見えるのです。最近、日本的な柄の入った布地を買う外国人観光客が増えていると聞きます。彼らもその魅力に気づいているからでしょう。外国人の目で見ても、それがおしゃれだと感じられるからなのです。

なぜ日本の伝統的なものが現代でもカッコいいものになり得るのか。それは**「伝統」と「現代」が見事に融合しているから**です。それは**日本のモノづくり**にもつながっています。

京都や奈良、浅草を訪ねると、日本の町並みは古い建物と新しい建物が共存しています。これはヨーロッパも同様です。でも台湾では、昔は木造の建物ばかりだったのに、いまではほとんど建て直し、コンクリート建築ばかりです。中国も状況は似ています。古い歴史的建築物を再建したものはたくさんありますが、どこかテーマパークのようです。でも、日本の古い町並みには歴史だけでなく、現代の日本人の生活も感じられます。

伝統と現代の融合という意味では、よく日本のホテルに和洋室というタイプの客室がありますが、これも日本っぽいです。ベッドと畳の間の両方がある客室なんて、日本にしかありません。その話をしたら、ある日本人が言いました。「そもそも日本人の家が和洋室でできている。新築の家にもたいてい和室がひとつある」。そうか、日本人は日常的に伝統と現代を織り込みながら暮らしているのですね。

私が日本の家にあるもので好きなのが、こたつです。電化製品のひとつでありながら、とても伝統的な存在です。家族がそこに集まり、会話を交わしたり、食事を楽しんだり。日本の友人がこんなことを言いました。「こたつに入ったまま、横になってうとうと眠ってしまうことほど心地よいことはない」。ああ、いいなあ。私もいつかこたつで眠ってみたいものです。

「映画のロケ地」で気づいた地方ならではの魅力

2014年6月、私は初めての日本旅行のガイドブックを台湾で出版しました。書名はちょっと長くて

『日本回遊：関東編 Go! Japan Again!　食べて+泊まって+遊んで+買って+めぐって　極私的な60の提案』

（日本回遊：關東篇 Go! Japan Again!　食+宿+遊+買+逛，日本旅遊回頭客私藏的60個定番提案！）

というものです。ここでいう「回遊《ホエイイォウ》」には、日本を周遊するという意味だけでなく、成魚になったサケが故郷の川に戻るように、日本に帰るという意味が込められています。

初めて出版した日本での「旅行」のガイドブック

日本好きの台湾人はよく日本に旅行に行くとき、「日本に帰る」という言い方をしま

すが、この感覚と同じで、ふるさとに戻るような気持ちを込めているのです。
これまで私はクスリやコスメの本をたくさん出してきましたが、純粋に旅行の本を出すのは初めてでした。この本では、私自身がこの数年間で歩き回った東京の細かい街ネタを満載しています。でも、本当をいうと、いちばん伝えたかったのは、日本の地方の魅力です。

なかでも最も印象に残っているのは那須高原でした。この本の表紙は那須高原の写真を使っています。そこには雪をかぶった峰々と青空がどこまでも広がっています。台湾ではこんなに美しい青空は見たことがなかったからです。

台湾は国土の4分の3が山という島国で、人が住む場所は密集しています。しかも工場が多く、空気はきれいとはいえません。それでも私の子供の頃は、いまより青空の日も多かったと思いますが、最近は中国から黄砂だけでなく、PM2・5が飛んでくるので、1年を通して青空を見る日が少なくなっています。

その点、日本は先進国なのに、青空が見られるのがすばらしい。多くの台湾人が日本を訪ねるのも、美しい山や自然があるからなのです。**日本は自然の魅力も豊富なのです。**

那須高原では、北温泉というおんぼろ温泉旅館（ごめんなさい！）に立ち寄りました。那須の奥深い場所にあるこの宿は、実は映画『テルマエ・ロマエ』のロケ地のひとつです。そこには明治、大正、昭和とそれぞれの時代に建てられた3つの建物が連なっていました。

玄関をくぐると、照明が薄暗く、床を歩くとギシギシ音がしました。棟と棟をつなぐ床の下から温泉の湯気が出ています。いったいこれはどういうこと？　ここ大丈夫かなと最初は思いました。新しく改築すればもっとお客さんがたくさん来るはずなのに、なぜ？

ところが、しばらく過ごしていると、昔のままの風情が残っている古い温泉宿を体験するのは初めてだったので、だんだん面白くなってきました。天狗の湯という内風呂があり、薪で風呂焚きしているようでした。

そこでひとりのおばあさんに出会いました。彼女はこの宿に2～3週間滞在していて、湯治をしていたのです。湯治というのは、温泉宿に自炊しながら長い期間滞在して持病の療養を行うことですが、このようなことは教科書にだけ載っている昔の風習だと思っていました。私はそれまで日本の温泉旅館といえば、お金のかかる贅沢な遊興のイメージがありました。ところが、日本の地方に行くと、まだ湯治という文化が残っていたのです。感動しました。台湾の原住民にも湯治文化はありましたが、もうそれは残っていません。

さらに意外だったことに、この旅館の女将さんは台湾人でした。日本留学後、いったん台湾に戻って就職したものの、再び日本に来て、この地で女将さんをしていたのです。こういう出会いがあることも、地方の旅ならではの思い出です。

遺産を守ろうとする日本の先見性

那須高原では、北温泉以外にもいくつかの場所を訪ねました。格式高い温泉旅館からファミリーで楽しめるアミューズメント施設がいっぱいの温水プール、食事が売りの一軒宿など、実にいろんなタイプがありました。日本の温泉旅行は、誰と行くか、何を楽しみたいかなどの目的に合わせてさまざまなタイプから選べます。しかもひとつの温泉郷でいろんなバラエティに富んでいます。これは日本の温泉文化のすごいところだとあらためて思います。

ガイドブックの中では、埼玉県川越のことも紹介しています。東京近郊でありながら、昔ながらの町並みが残っているのが川越の魅力です。なかでも昭和の初期に建てられた川越商工会議所のような石造りの西洋建築が日本の伝統的な木造建築の家並みの中に残っているところがいいと思う。
「小江戸」と呼ばれる川越では、建築以外にもその土地の記憶が宿るものは、そのまま残されていました。近代以前から明治、大正、昭和、現代に至るまでの時代の文化が同時に存在している。それが日本の古いまちの特徴だと思います。

台湾ではまちごとそっくり再開発されることがよくあります。そこには**昔の建築自体が文化である**という発想が抜け落ちています。いったん町並みを壊してしまったら、その土地の人が自分の文化が何だかわからなくなってしまうのに。中国でも急速な経済発展により同じことがもっとドラスチックに起きています。いまの中国人は世界の先進国と比べて自分たちの遅れを取り戻そうとかなり**無理してインフラ整備**を進めてきたからです。日本人はこうしたアジアの国々の中で、**いち早く土地の文化の大切さに気づき、守ろう**と努めているのだと思います。

日本の観光地を訪ねていくうちに、観光地化をめぐる問題に気づかされました。いまの台湾の観光地は商品化しすぎていると感じます。

たとえば、台北の夜市がそうです。かつては台湾の伝統的な小吃《シャオツー》（軽食）文化を味わえる場所でしたが、いまではステーキからピザの屋台までなんでもあります。百貨店やレストランの有名店の出張屋台もある。バラエティ豊かになったという人もいるかもしれませんが、私には魂がないと思えてなりません。そこは何だかわけのわからない世界です。

その点、川越は観光地ですが、まちのイメージに合ったものを販売しているように見えました。たとえば、地元の芋を素材にしたお土産がいくつもあります。「ＣＯＥＤＯ」のような地ビールもそう。台湾には大手メーカーのビールしかありません。

日本のお土産はその土地の地方の特色を出そうとしています。民芸品もただの古めかしいものではなく、和風をモダンに味付けしたものが多い。最近、台湾もレトロブームで似たようなお土産が増えてきましたが、古いものに新しい要素を取り入れて魅力的なものを生み出すというのは、日本の得意分野だと思います。

もちろん観光地化の行きすぎの問題は、台湾に限らず、日本でも、また世界中で起きていることに違いありません。今日の問題点は、観光客に合わせて観光地化が進められていることです。確かに、いまの時代、観光客のニーズに応えなければ観光地は成り立たないのかもしれません。でも、それでは本当は真逆のはずです。観光客が体験したいことは何か。その土地でしか得られないもの、体験できないことだとしたら、いまのままではまずいと思います。

１００年以上の歴史を持つ「家庭薬」

２０１５年１月、私は日本の家庭常備薬の歴史を紐解く１冊の本を台湾で上梓しました。『日本家庭薬』といいます。１００年以上の歴史を持つ多くの日本の老舗の家庭常備薬メーカーを紹介したムック本です。

日本の家庭薬がなぜ台湾で人気があるかというと、実際に使ってみてよく効くと多くの台湾人が実感しているからですが、日本での取材を通じて、その背景には古くは４００年もの歴史をもつ日本の老舗医薬品メーカーの存在があることに気がつきました。

日本メーカー34社に取材した『日本家庭薬』は、念願の出版だった

そこで各メーカーの関係者にご協力いただき、それぞれの定番商品の誕生秘話や創業者の努力、企業の発展の歴史をうかがい、本の中で紹介しました。今日の日本の家庭薬の豊かな世界は、これら老舗企業の歴史があってこそだと私は知ったのです。そのすばらしさを台湾の読者に伝えたいと考えました。

これは私の8冊目の著書ですが、当初よりいちばんつくりたかった本でした。でも、出版社はいきなり歴史の本を出しても、読者が食いつくとは考えられなかったので、まずは製品紹介の本にしようということで、これまでクスリやコスメのショッピングガイドを出版してきたのです。

私の家には、**子供の頃から「日本の常備薬」が普通にありました**。祖父たちもそれを服用していました。ですから、私は子供の頃からこのクスリはどんな成分で、どうやってつくられているのか興味がありました。

台湾には100年以上の歴史を持っている企業はほぼありません。それは台湾の歴史と関係があります。台湾の歴史はせいぜい400年。しかも、オランダやスペイン、明、清、そして日本と多くの国に支配されてきました。支配者が交代するとき、社会に混乱が起こるのは無理もありません。社会の変動期にひとつの企業が生き残るのは難しいことです。日本の統治が終わったのも70年前のことなのです。

では、なぜ日本には長い歴史を持った医薬品メーカーが、こんなにたくさんあるのでしょうか。「その秘密を知りたい」「そこには必ず理由があるはずだ」と私は考えました。

そのためには、各メーカーの歴史を紐解くことが必要です。さいわい私は多くの業界関係者のご協力をいただき、34社に取材することができました。

日本の家庭薬は「感動の秘話」だらけ

取材の主な内容をひとことでいえば、各社の創業ストーリーでした。取材を通じていちばん感じた意外なことは、どの企業も最初から自分の金儲けのためというより、当時の**人々の要望や需要に合わせて製品を開発した**というケースが多かったことです。以下、私の感動したエピソードを紹介します。

ユースキン

ユースキン製薬のハンドクリーム『ユースキンA』は約60年前に生まれた人気商品ですが、創業者の野渡良清は薬局経営者でした。当時は既製品を販売していたのですが、ひとりの主婦のお客さんからハンドクリームがほしいと言われたとき、当時は石油系油脂のハンドクリームしかなく、それを出したところ、「これしかないのか」と言われたそうです。石油系油脂のハンドクリームは手にベタベタして使いにくかったからです。

創業者はお客さんが本当にほしい商品を自ら開発するために、研究を始めたのです。ベタベタしなくて保湿性のあるハンドクリームとは何か。友人の研究者と試行錯誤して、ベタつかない親水性のクリームを研究開発したところ、成功して大ヒットとなりました。これは有名な話です。

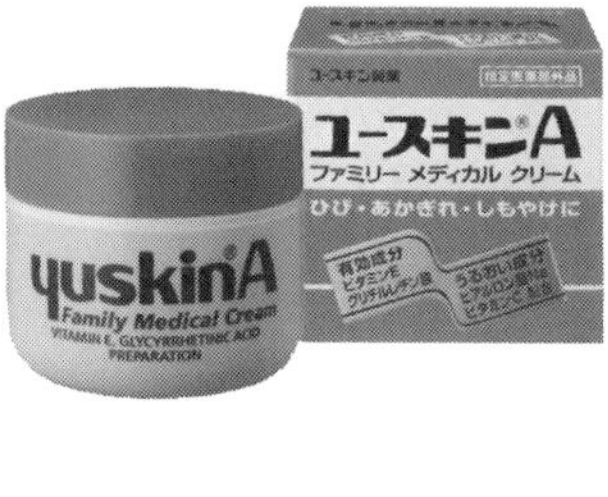

台湾人からすると、これはありえないと思いました。台湾人は「商人気質」が強いので、売れるかどうかわからないものをわざわざつくろうという人はほとんどいない。モノづくりのためには広範囲な市場調査が必要で、たまたまひとりのお客さんがほしいと言ったからといって、それで開発したものが売れるとは限らないからです。そんなことに誰が取り組むものだろうか。それなのに、なぜユースキン製薬の創業者はそんなことを始められたのだろう。でも、このように考え行動

したのは、ひとりではなく、多くの企業がみなそうでした。

キンカン

かゆみ・虫さされ薬の『キンカン』（金冠堂）は、もともとやけど治療薬としてつくられました。創業者の山﨑栄二は自分の姉の子供が大やけどで亡くなったことから、やけどに効く万能薬を開発しようとしたことが動機だったといいます。創業は昭和初期のことで、第二次世界大戦中の空襲時に火災によるやけどや外傷の救急薬として高い評価を得たそうです。ここにも、誰かのために役立つクスリをつくろうとする真摯な姿勢が見られます。

龍角散

のど薬の『龍角散《りゅうかくさん》』の話もすばらしいと思いました。もともと創業者は江戸時代の佐竹藩（現在の秋田県）の藩医だった藤井家で、龍角散はぜんそくの持病をもつ藩主のために創製された歴史と由緒のあるクスリです。明治維新後、龍角散は御典医であった藤井家に下賜《かし》され、秘伝の技術を活かしてクスリをつくり続けることを決意。薬商となって龍角散を一般発売したのです。

時代が大きく変わっても、伝統を守りながら技術を絶やさず、後世に残すという精神が日本にはあります。中国では、王朝が変わったり、皇帝が逝去したりすると、多くの場合、**伝統は途切れてしまいます**。再びそれを復興させようとするまでには時間がかかります。台湾でも似たところがあるかもしれません。でも、日本の場合は、江戸から平成と時代は移っても、**大切なものはしっかり受け継がれています**。この違いは何なのだろう。龍角散の場合、昔ながらの処方や、パウダー状の微粉末の剤型など、変わらないものをいまも残しています。

しかも、日本人の場合は、ただ技術をそのまま受け継ぐだけでなく、受け継いだ人も常に改良を続ける精神を持ち合わせています。

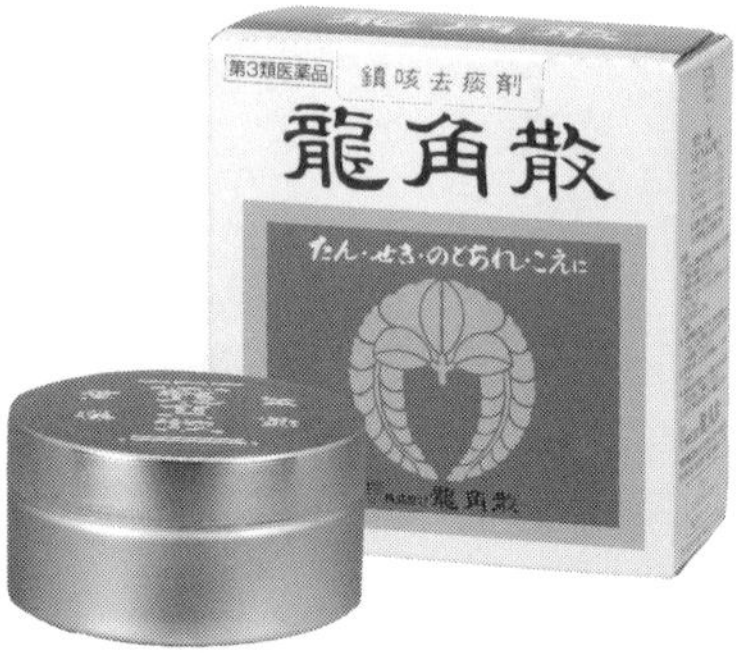

宇津救命丸

歴史の古さでは、1597年創業という『宇《う》津《づ》救命丸《きゅうめいがん》』は驚きです。400年の歴史をもつ企業なんて、世界的に見ても稀といえます。

子供の夜泣きのクスリで知られるこの老舗医薬品メーカーの創業者は、下野国（現在の栃木県）の国主・宇都宮家の家臣の宇津権右衛門で、御殿医でした。ところが、豊臣秀吉によって主家の宇都宮家は改易となり、宇津権右衛門は現在工場のある栃木県高根沢に帰農し、名主になりました。以来、秘薬として代々製法が受け継がれ、明治以降、近代的な医薬品メーカーに生まれ変わります。

『宇津救命丸』の誕生も商売のためだけではありませんでした。もともと領民や村人に無償で提供していた秘薬のウワサが全国に広まっていったからです。現在も、工場敷地内には古い屋敷や薬師堂が残っています。

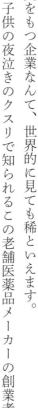

仁丹

最後に挙げたいのは、『仁丹《じんたん》』（森下仁丹）。創業の歴史に、台湾との縁があるからです。『仁丹』の前身は『赤大粒仁丹』といって、日露戦争の頃に開発されました。創業者の森下博は1895年に台湾に出征したとき、現地の台湾人が懐から丸薬を出して飲んでいた光景をヒントに『仁丹』をつくったのです。当時は日本も衛生状態は悪く、風邪や食中毒で命を落とす人がいました。こうした人たちを救うため、飲みやすく、携帯しやすい万能薬の研究を始めたそうです。このエピソードは、台湾人である私にとってもうれしいものでした。

これらの老舗メーカーは、昔ながらの処方を伝え、いまも家庭常備薬として普及させています。台湾にも漢方医がいて、伝統薬を商品化し、広く家庭常備薬にまで普及させたものがまったくないとはいえないけれど、やはり少ない。明治以降、日本では数多くの伝統的なクスリの商品化と大衆化が起きています。それがいまに受け継がれている。これこそ日本のすごさといっていいと思います。

3章

私が「爆買いの仕掛け人」になるまで

始まりは東日本大震災だった

私が「爆買いの仕掛け人」とか「火付け役」とかいわれるようになるまでの**すべての始まりは、2011年3月11日の東日本大震災でした。**

台湾で初めて上梓した日本のクスリのショッピングガイド本『東京ショートトリップ&クスリ購入マップ：外用薬編（東京小旅及保健採購地圖：外用藥篇）』の取材のために、最初の東京行きのフライトの予約を入れたのが同年3月12日だったからです。

結局のところ、出発は断念し、再度の訪日の時期を待つほかなかったのですが、震災直後は、毎日のようにテレビに繰り返し映し出される福島原発事故や東北一帯を襲った津波の映像を見て、私は茫然としてしまいました。もしかしたら、もう当分日本に行くことはできないのではないか……。不安で何度も胸が押しつぶされそうになりました。

東日本大震災の災害の中で、海外の人たちが日本への旅行を敬遠した一番の理由は、放射能汚染の心配があることでした。震災直後に、台湾のネット上では「放射能被害の回避のため、日本に旅行に行くのはやめましょう。日本の商品も買わないようにしましょう」という非公式の呼びかけがなされていました。そのせいか、いつもはスーパーや百貨店に山のように積まれ、台湾人に愛されていた日本の製品は、ほとんど買われなくなり、旅行会社に勤める友人から日本行きのツアーはキャンセルが続発していると聞きました。

当時の私は、ようやく出版社に企画の通ったショッピングガイド本の取材の準備で、寝る間も惜しむような忙しい日々を送っていました。

私はもともと日本語の翻訳の仕事をしていたので、その方面では実績がありましたが、基本的には出版社から依頼されて仕事をもらう下請けの立場でした。ですから、企画の立案から取材、執筆、編集に至る出版のノウハウは身についていませんでした。企画が通っても、具体的にどのように情報を集め、取材を進めればいいのか、出たとこ勝負の状態でした。まずはネットで情報を集め、自分がよく知る東京のドラッグストアを訪ね、お店の人に話をして、店内の写真を撮らせてもらうというようなことを頭でイメージしてみましたが、そんなことが自分に本当にできるのだろうか。実は不安でした。

それでも、日本の市販薬を台湾の読者に広く紹介する企画ですから、直接医薬品メーカーに連絡すれば、商品に関する資料や写真をもらえるのではないか。そういう単純な考えのもとで、まずは台湾人に人気のクスリをリストアップして、何十社ものホームページを調べて、取材協力のメールを出しました。

ところが、**メールを出してもほとんど返事はありませんでした**。これまで本を書いた実績もなく、法人でもなく、名の知れない個人の外国人ですから、相手にしてもらえなかったのでしょう。それでも、ほかに打つべき手もないので、とにかく待つしかありませんでした。

一本のメールが届く

仕方なく、私はこれまでどおり翻訳の仕事を続けながら、気長に返事を待っていました。それからしばらくしても返事は来なかったので、「そもそもこの企画の実現は無理なのか」ともう諦めかけていたある日、一本のメールが届きました。参天製薬の南里友明さんからでした。

やっとのことで連絡をもらったので、私は小躍りして自分の出版企画について南里さんに説明しましたが、どうもうまく伝わりません。それでも、南里さんは言ってくれました。「もし東京に来る予定があれば、一度会いましょうか」。

本当にうれしかったです。私は興奮して、アポが入ったのは一社だけど、東京に行こうと決めました。その旨を南里さんに伝え、会社を訪ねる予定日が3月13日でした。日本行きが近づくにつれて、私はワクワクしていました。これで第一歩のスタートが切れる。そう意気込んで、日本行きの荷づくりもすっかり用意していた矢先に起きたのが、東日本大震災だったのです。

日本行きを予定していた前日、つまり東日本大震災が起きた日の午後、私は出発までに提出しなければならない翻訳原稿の締め切りがあり、パソコンにずっと向き合っていました。すると突然、メッセンジャーから同時に数人の友人から「**日本ではいま大変なことが起きている**」というメッセージが届きました。すぐにテレビをつけると、どのチャンネルも東日本大震災の速報を流していました。そのときは、まだ被災状況が発表されていなかったので、「日本ではしょっちゅう地震があるから、問題はないだろう」と軽く受け流して、翻訳の仕事を続けました。しかし、数時間たつと、壊滅的な被災状況が続々と報道され、私の不安も徐々にふくらんでいきました。

そこで、南里さんに連絡を入れると、東京にも震災の影響が出ているとのこと。こんなときにお邪魔しても迷惑をかけるだけだからと考え、やむなく翌日のフライトをキャンセルすることに決めました。とても残念でしたが、その後も続く津波や火災などの驚くような惨状を伝える映像を見ていると、取材どころではないことがだんだんわかってきました。そして、東北の被災地に住む日本の友人の安否が心配になってきました。

それからというもの、いても立ってもいられない日々が続きました。せっかくの企画を断念するのは悔しいけれど、このまま日本はどうなってしまうのか……。しかし、それ以上に**自分も何か日本のためにできないか**。そう思いました。当時は台湾人の多くは日本に行くのは怖がっていましたが、しばらく後、私はあらためて南里さんに連絡を入れ、5月に日本に行くことを伝えました。

夢のような出会いが続く

私が日本に行くというと、両親からひどく反対されました。もちろん、両親の気持ちはわかります。でも、自分の夢をかなえたいし、大好きな日本のために自分も何かやりたいという気持ちも強かったので、なんとか両親を説得して、5月に東京に向かいました。

こうして念願の医薬品メーカーの訪問が実現しました。参天製薬の南里友明さんと面会したのはわずか2時間のことでしたが、これは私にとって**記念すべき第一歩**でした。

南里さんは企業取材のイロハすらおぼつかない私に、日本の医薬品メーカーから取材協力をもらうための企画書の書き方、連絡の入れ方まで、一からノウハウを教えていただきました。このときの日本滞在はわずか5日間でした。

台湾に戻って、あらためて南里さんのアドバイスに従って医薬品メーカーにコンタクトを取り直しました。すると、うれしいことに今度は5社から返事をいただきました。

そこで、7月に再び日本に行くことにしました。


そのとき私に返事をくれた5社の中に、龍角散の藤井隆太社長がいました。藤井社長はいま思い返すと、私の執筆人生の中で最も重要かつ心強い助っ人でした。

初めて龍角散の本社に取材に行ったとき、藤井社長ご本人が私に面会してくれました。由緒ある老舗の医薬品メーカーの社長ですから、きっと厳格な方に違いないと心構えをして訪ねたのですが、実際にお会いすると、とても親切で、話も面白く、まったく思っていたのと印象が違いました。

それまで取材のアポ取りがうまくいかなかったので、おそるおそる「なぜ藤井社長は私に会ってくださったのですか」と尋ねました。すると、社長は「せっかく海外の人が日本の家庭薬に関心を持ってくれているのに、協力をしない理由はないでしょう」と笑いながら答えてくれました。それは、**私にとってなんて心強いことばだったことでしょう！**

2時間ぐらいの面談の中で、私の最大の悩みが取材のアポ取りであることを知った藤井社長は、当時、日本家庭薬協会の国際委員会（現・国際部会）の委員長だったことから、定例会で私のことを各社のみなさんに紹介してくれました。おかげでそれ以後、多くの医薬品メーカーの方たちにお会いすることができ、取材は一気に進みました。

こうして震災から約1年後の2012年2月、私の初めての本『東京ショートトリップ&クスリ購入マップ：外用薬編（東京小旅及保健採購地圖：外用藥篇）』が刊行されました。さらに、同年7月にシリーズ作の『内服薬編』も出すことができました。これは2冊でセットの企画です。

この本では、台湾人に人気のある日本のクスリだけでなく、ぜひ知ってほしいオススメ商品を250点紹介しています。それぞれのクスリについては、日本語の翻訳家としてのキャリアを活かし、単に適応症の説明だけでなく、独自の有効成分についても詳しく解説しました。いまの時代、台湾でも日本のクスリに関する商品情報はネットにあふれています。でも、成分まで解説した情報はまずありません。ネット上には間違った情報も多い中、私はこの本を書くことで、**台湾の読者が誤った処方をしないで、正しく日本のクスリとつきあってほしい**と思っていたのです。

『ドラえもん』を読んで育った幼少期

さて、ここからは少しだけ、思い出話におつきあいいただければと思います。自分で言うのは憚られますが、幼少期に日本を好きになり、日本で本を出版するまでには、それなりの波乱万丈な歩みがあったのです。「爆買い」やインバウンド市場の動向、日本・台湾・中国の歴史や関係性を知りたい方は、159ページまで飛ばしてくださって構いません。

1980年に台湾南部の台南市で生まれた私は、幼少期の頃から**身の回りに日本製品があふれていました。**テレビはナショナル（現・パナソニック）で、見ていたアニメは『鉄腕アトム』や『となりのトトロ』、読んでいたマンガは『ドラえもん』です。使っていた文房具は三菱の鉛筆とトンボの消しゴムでした。祖父母が飲んでいたクスリや健康食品の多くも日本から輸入されていました。私が生まれた頃には、すでに日本との国交はありませんでしたが、**日本製品に当たり前のように囲まれて暮らしていました。**

幼少期の頃は、日本はまだ遠い国でした。とにかく日本というのは先進国で、面白いものがいっぱいあり、モノづくりがすごいという印象が漠然とあるだけでした。具体的な情報としては、日本旅行に行った祖父母の話しかなく、日本は風景が美しく、食べ物がおいしいと話していたので、将来自分もいつか行ってみたい、小学生の頃の私は「一生に一回でもいいから、日本に行きたい」などと健気なことを考えていました。それがまさか大人になって、年に10回以上も日本に行くようになるとは思ってもいませんでした。

祖父母に限らず、近所のお年寄りも日本語教育を受けていたため、普通に日本語が話せて、よく日本統治時代の話をしてくれました。「**あの頃は良かった。あの頃に戻りたい**」と彼らは言っていました。その意味は、当時の私にはよく理解できませんでしたが、多くの台湾人にとって日本は憧れの国であり、幼少期の私にとってもマイナスのイメージはまったくなかったのです。

国民党教育の「恐ろしい日本」に戸惑い

ところが、中学生になって歴史の教科書を通じて教えられた日本は、これまで私が知っていたものとはまったく違う印象を与えるものでした。1990年代前半に中学生だった私が学んだ当時の台湾の歴史教科書では、日本はとても侵略的で残酷でした。幼少期に祖父たちから聞いていた日本の印象とはかけ離れているので、とても混乱しました。

「**え？　この歴史、本当のことなのだろうか？**」「素晴らしい製品や楽しいマンガをつくった日本人というのは、こんなに怖ろしい人たちだったのか？」。このような疑問は中学生の私を戸惑わせました。

1895年に清から割譲され、日本に併合された台湾は、1945年の日本の敗戦まで日本の統治下にありました。日本の敗戦後は、中国大陸から蒋介石の率いる国民党の軍隊が台湾にやって来ました。日本統治下に進められた近代化で、日本と同じような社会制度やインフラ整備を実現していた台湾に大きな混乱をもたらしました。

その後、49年に国民党は共産党との内戦に敗れ、中国大陸では中華人民共和国が建国されました。そのため国民党は台湾を拠点とするほかなく、蔣介石による独裁政治が始まりました。中国とも対立し、国交もなく、長く戒厳令が敷かれていました。それは80年代後半の民主化へのゆるやかな移行期まで続きます。

ですから、私のような30～40代の世代の大半は、国民党による歴史教育を受けています。かつて日本と対抗していた蔣介石政権のもとでつくられた教科書でしたから、日本に関する歴史認識は戦争当時の対立したイメージを強化する傾向がありました。その内容は、これまで私が抱いていた日本への印象とはあまりにも違うので、その疑問を祖父だけでなく、両親にもぶつけたことがあります。そのとき、両親は「**私も国民党の時代より日本時代のほうが好き**」と言いました。もちろん、これは個人的な意見にすぎませんし、祖父たちとは違い、両親の世代は実際には日本統治時代の台湾を知らないはずです。でも、正直な気持ち、両親の話を聞いて私も少しほっとしたことを覚えています。

私の父は、時計屋を経営していて、日本製の時計を販売していました。父の日本製品に対する評価や日本人のモノづくりへのこだわりに対する信頼は高いものがありました。

このような家庭で成長してきた私が日本を嫌う理由はありません。むしろ、教科書に書かれているような残忍な日本と実際の日本はどう違うのだろうか……。自分の目で確かめたいとずっと思っていました。

「ひらがな」の美しさに驚いた日

よく私は日本人から「あなたが日本語を勉強した動機は何ですか」と聞かれることがあります。その質問を私の同級生や日本語を勉強している友人にしてみると、大半は日本のアニメや芸能人、文化、旅行などが好きだからと答えます。なかには大学の一斉入学試験の成績で、なりゆきで日本語学科に入ったという人もいます。でも、私の場合、そのどちらでもありません。

私が日本語を勉強した**きっかけは、「ひらがな」の美しさにあります**。

私には4歳と8歳年上の姉がふたりいて、下の姉は私が中学2年生のとき、専門学校で「日本語サークル」に入っていました。ある日、姉が居間に置き忘れた50音練習帳を私は見つけ、ページをめくってみました。そのとき、私は初めて日本語の文字を知ったのでした。「なんてきれいな文字だろう？　これが日本語？」。そう思いました。

台湾人は漢字のみを使って読み書きしています。漢字はカクカクしていかにも固い文字です。立派で偉そうな感じもします。でも、日本語は面白いことに、漢字も使いながら、その合間にひらがなが並んでいます。当時私は「あいうえお」すら読めませんでしたが、「あ」とか「か」とか、とにかく丸々と曲線があってかわいらしい形をした**ひらがながとても美しい**と感じたのです。実際のところ、最初はこれが文字だとは思えず、不思議な絵文字のような印象でした。

中学生だった私は、それから日本語に興味を持ち、**ひらがなの読み方を知りたい**と思ったのですが、なぜか姉は私がめくっていた50音練習帳を取り上げ、「今度私のものを勝手に触ったらぶつわよ」と怒鳴りつけました。

それでも、私はひらがなを覚えたくて、姉が家にいない合間にこっそりとあの練習帳を取り出し、見よう見まねでひらがなの書き方を覚えようとしました。相変わらず姉はこの点については厳しく、私に日本語を教えようとしてくれなかったのですが、1年くらいして「あいうえお」が書けるようになりました。まったくの独学でした。これが私の日本語学習の始まりでした。

ちなみに私は、「はい！」という日本語が大好きです。どんな場面の返事にも使えて万能ですし、音の響きに凛々しさを感じるからです。また、台湾では、語尾に日本語の「～ねえ」を付けて話すことがよくあります。たとえば、「今日は暑いねえ」と話したいとき「今天好熱捏《ジンティエンハオズオネ》」と言います。最後の「捏《ネ》」は日本語の「～ねえ」に近い音で、独特の柔らかい響きを好んで台湾人は真似してきたのです。私が小さいときには既に耳にしていましたので、かれこれ20年以上は台湾で使われているのではないでしょうか。「卡哇伊《カワイ》」(96ページ)ということばも、台湾では昔から当たり前のように、それもお年寄りから子供まで使っていました。私が中学生の頃に、ある台湾語の歌が流行っていました。『阿娜答(a・na・da)』(1994年)という歌で、当時のカラオケや結婚披露宴によく歌われていました。

「阿娜答《アナダ》」は中国語では意味のない発音ですが、**日本語の「あなた」の意味です**。歌詞にはありませんが、歌の初めに「あなた、かわいい。あなた、かわいい」というバックコーラスが入ります。歌詞にも、たくさんの日本語が入っていました。しかし、これらの日本語は、台湾人にとっては特別外国語という感じはなく、普通に使っています。

台湾語にはもともと文字がなく、音だけ伝えられて、中国語の当て字を使っています。同様に日本統治時代からたくさんの日本語が外来語として台湾に残っています。

その一部は漢字の当て字を使って、いまでも普通に使われています。たとえば、

①脱拉庫（tuo・la・ku）＝トラック
②賴打（lai・da）＝ライター（火をつける道具）
③奇檬子（qi・meng・zi）＝気持ち

また、漢字の当て字はありませんが、台湾語として広く使われている日本語は多数あり、少しアクセントとは違いますが、台湾人に向かってしゃべっても、だいたい意味が通じます。

たとえば、ビール、さけ（酒）、ハンドル、カバン、オートバイ、バック（後ろに動く）、エンジン、看板、カメラ、名刺、案内（接待の意味）、兄さん、姉さん、りんご、みそ、さしみ、わさびなど、本当にたくさんあります。だから、台湾人は日本語ができなくても、実はたくさんの日本語を知っています。

授業をサボってでも学びたい日本語

こうしてこっそりとひらがなの書き方を習得していた私は、中学卒業後は普通高校ではなく、日本語学科のある専門学校（5年制）に進学しようと考えていました。ところが、技術職である父は専門学校への進学は支持してくれましたが、日本語学科への進学は反対でした。「語学は女がやればいい。男なら工学の技術を身につけるべき」と言うのです。

私が専門学校に進学する頃、ちょうど実家の近くに半導体工場の集まるサイエンスパークが建設中でした。私が卒業する頃には大手メーカーの工場が稼働し始めると考えた父の決断で、私はむりやりに電子工学科に入学させられました。しかし、私は小さい頃から算数が苦手で、工学や理科系の勉強は好きではありませんでした。成績もまったくふるわず、基盤設計の授業では誤って実験設備を壊したりする始末でした。担当の先生も、つくづく私が電子工学の勉強に向いていないと思ってくれたのか、他の学科へ校内移籍を勧めてくれました。

当時の私は「よし！　もしかしてこれで日本語学科に行けるかも」と思ったのですが、父は相変わらず「語学は男に向いてない」と言い、ビジネスの勉強ができる工業管理学科に移籍させられました。

まさかそれが人生で最も辛い時期の始まりとなるとは思ってもいませんでした。工業管理学科では、製造業の工程を管理するための関連技術を習得するため、会計学や統計学、工程分析数学、微積分などが必須科目でした。2桁以上の計算は苦手なのに、数字漬けの勉強の日々は苦痛でしかありませんでした。当然成績はいつもビリで、鬱屈した日々が続いていました。自分はいったい何をしているのだろう……。そのとき思い出したのが、中学生の頃、見よう見まねで学んだ日本語のことでした。

私はまず日本語学科の教室に行って、学生たちが使っている教科書を教えてもらい、書店で購入しました。しかし、家で日本語を勉強したら、父にバレてしまうと思い、学校へ行ったふりをして、**図書館で日本語の自習を始めました**。こういう日々を約1週間続けると、だんだん日本語がわかるようになり、久しぶりに達成感がありました。誰も教えてくれたわけではありませんが、教科書でひたすら自習したのです。

ところが、この楽しい日々はわずか2週間で終わりました。さすがに2週間も授業をサボっていたので、欠席通知がついに家に届きました。

あの日の光景は、いまでも忘れられません。私はいつもどおり、学校から帰ってきたふりをして帰宅すると、珍しく両親が居間に座っていました。私の帰りを待っていたのです。

父は厳かな声で「こちらに来なさい」と言いました。笑顔はありません。怒りを押し殺すような表情です。私がソファーに腰を下ろすと、母は大声を上げました。「この2週間ずっと欠席していて、どこに行っていたの?」。私は観念して答えました。「図書館で勉強していたんだよ」。もちろん、両親はそんな話を信じてはくれませんでした。それから父が怒鳴り続けたのは言うまでもありません。

台湾は一般に男尊女卑の社会ではありません。むしろ女性が強い社会といわれます。社会に進出する女性が多く、未婚の女性も増えています。でも、私の父はとても頑固な人でした。技術職という職業柄もあったかもしれません。

私は末っ子で、姉がふたり。普通なら小さい頃から甘やかされて育つと思われるかもしれませんが、実際は逆で、わがままはおろか、いつも両親を喜ばせるため、自分の気持ちを表に出さず、両親の意思に合わせて生きてきました。両親からみれば、私はとてもいい子だったはずです。それが、まさか2週間も無断欠席をするなんて。両親もとてもショックを受けたようでした。

これが、私と両親の**家庭内革命**の始まりでした。その後、私は大人しく学校に戻ったと思いますか。もちろん、学校には通学しましたが、行き先は教室ではなく、いつもの図書館でした。当時の私にとって、日本語の自習が唯一の慰めでした。こうして3年間、私は授業をサボり続け、問題児になりました。両親は何度も学校に呼び出され、先生に相談していたようです。でも、私は自分を曲げませんでした。当然、親子関係は最悪でした。

偽装カンニング事件

専門学校4年のとき、あと1年半で卒業できるのに（本当をいうと、不合格の単位が山のようにあったので、実際には2年半から3年半かかったと思います）、どうしてもこのような生活を続けたくないと思い、私はとんでもないことをしでかしました。これは、おそらく私の人生の中で最大級のチャレンジだったかもしれません。

試験中、監督の先生が私の座る席のそばに歩いて来たときを見計らって、事前に用意したカンニングペーパーを足元に落としたのです。先生は私をにらみつけ、教室の外に連れ出されました。台湾では、試験のカンニングは記録が残され、人生の汚点にもなるといわれています。何度も繰り返せば、**その場で退学させられます**。それを承知でやったくらいですから、退学も覚悟していましたが、事件がクラスだけでなく学校中に広まると、とても恥ずかしかったです。それでも、どうしてもいまの生活を終わらせたい！　私は日本語を勉強したいと思っていたのです。もはやこの手しかありませんでした。

カンニングのことは、すぐ家に連絡されました。帰宅すると、まっすぐ自分の部屋に行き、閉じこもりました。最初、両親は激怒していました。もともといい子だったのに、だんだん問題児になり、ついにはカンニングをやるなんて、近所や親戚に知られたら恥ずかしい。両親はドアの向こうから大声で怒鳴っていました。私はさすがに羞恥心と無力感に襲われ、とにかく誰の顔も見たくなかったので、しばらく部屋にこもっていました。

部屋に閉じこもって丸2日間たちました。さすがの両親も心配になり、声の調子も和らいできました。

「いったいあなたは何をしたいの？　この先、どうするつもり？」。両親は言いました。それを聞いて私は小さな声で「日本語を勉強したい」と答えました。

このとき、両親はようやく私の思いを理解してくれたようです。**日本語学科への進学を許してくれました。**ただし、諸々の事情により別の学校の日本語学科に進学することにしました。当時は独学で日本語能力試験の3級の資格を取っていましたが、学校のシステム上、いくら日本語ができても、教育部が規定した単位を取らないと卒業できないので、一からスタートしなければなりませんでした。本来5年生になるはずの私は、2年生から日本語学科に進学したので、クラスの同級生はみんな自分より3つ下でした。

「日本語学科」進学で人生が変わる

一般に反抗期といわれる中学生の頃はおとなしく両親の言いなりだった私が、専門学校に入ると、両親も驚くほどの問題児になり、これは我が家にとっての、そして私にとっての家庭内革命でした。でも、それはすべて日本語を勉強するためでした。

こうして、私は念願の日本語学科に進学しました。この4年間は、それまでの私の人生の中でも最も楽しい時期でした。当時は学校の勉強だけでは飽き足らず、文通やメールを通じてたくさんの日本人の友人をつくりました。夏休みや冬休みには外国人向けの割引チケットの「ジャパン・レールパス」を買って、日本のあちこちにひとり旅に出たり、日本の友人の家でホームステイをしたり。当時はただ日本語をもっと上達したいと思っていました。

学生の頃、「日本文化」のイベントで同級生と学校内を浴衣姿で歩いた（向かって左端が著者）

何よりうれしいのは、工業管理学科時代のような試験を受けると必ず不合格という悪夢から脱出できたことです。当時はサークル活動にも積極的に参加しました。たくさんの楽しい仲間もできました。以前とは見違えるように積極的になり、私の専攻していた外国語学科（１９９０年代の五年制専門学校では、日本語学科と英語学科を統合して外国語学科にするのが主流でした）の生徒会長もやったほどです。私の人生は、日本語を正式に学ぶようになって、大きく変わったのです。

専門学校を卒業した後、私は2年制技術学院（5年制専門学校を卒業した学生向けの、通常大学と同じ学位が取れる2年制短期大学）と大学院に通いました。これ以上親に負担をかけたくないので、必死に勉強して、2年制技術学院と大学院は国立大学に通いました。日本と違って、台湾の名門大学はほとんど国立です。理由は学費が安いこと。私の場合、同級生より3年の時間と学費を無駄にしたので、絶対国立大学に受からないとダメだという決心がありました。さいわい、高雄の国立大学に入学できました。

日本語を専門に勉強していると、誰でもいつかは日本に留学したいと考えるものです。ダメ元で親に相談してみたら、「本当に留学したいのなら、家を担保に銀行からローンを借りる」と母は言いました。これまでさんざん両親に心配をかけてきた私は、さすがにそれはできないと思いました。留学の夢は諦めましたが、日本語を日常的に使えるような環境は台湾にいてもつくれないだろうか。そこで思いついたのが、**大学の日本人教師との交流を深める**ことでした。

私の所属する日本語学科には日本人教師が多数在籍していました。同級生たちは、授業の後までわざわざ教師とつきあうことはありませんでしたが、私は積極的に研究室に足を運び、助手として研究を手伝ったり、論文の指導をしていただいたりしました。そこでは、ほぼ100％日本語で会話していたので、留学しているのと同じつもりでした。

大学院時代の修論のテーマは、日本の経済や政治、文学などを選ぶ人が多いなか、私は当時はまだ誰もそれほど関心を持っていなかった高齢者介護の研究を選びました。実は、**このときの研究がその後の私の仕事に大きく役立っています。日本の医療**について詳しく学ぶことができたからです。

知らなかった「日系企業の社員採用」のヒミツ

これ以上両親に負担をかけたくないので、私は2年制技術学院の2年生（大学4年に相当）の頃から、翻訳のアルバイトを始めました。当時の同級生のひとりが元出版社勤務の社会人で、私が翻訳の仕事に向いていると思い、声をかけられたのです。こうして私は日本のマンガの翻訳を始めました。翻訳のアルバイトは学費のたしにもなるうえ、日本語の勉強になるので、本当にありがたかったです。

卒業後、軍隊に行きました。台湾では18歳以上の若者は数カ月から1年間、学生から社会人になるまでの間兵役につかなければなりません。毎日朝早く起床し、軍事の講義や訓練の日々が続きます。最初は辛かったですが、同じ時期に兵営での生活を経験した者同士、仲間もたくさんできました。いまではいい思い出です。

兵役から戻ると、すぐに就職活動をスタートしました。当時自分は国立大学卒だから、就職は難しくないだろうと甘く考えていました。もちろん、日系企業への就職を考えていました。ところが、就職サイトを通して100社近い企業に履歴書を送ったものの、なかなか面接の通知が届きません。あとでわかったことは、日本語学科の卒業生は多いため、書類審査の段階で、日本留学経験がある人のみ面接していたようでした。

多くの留学経験者が内定をもらっていくなか、**自分には面接の機会すら与えられない**。このとき、初めて社会の現実を知ったのでした。実はこうした絶望の日々の中、ようやく1社の日系企業から面接の通知が届き、面接の結果、内定が出ました。しかし、この日系企業は日本からの出張者など接待が多く、飲み会がしょっちゅうありました。お酒がまったく飲めない私にとって、これは大きなプレッシャーでした。残念でしたが、せっかくつかんだチャンスも、わずか1カ月で手放すことになってしまいました。

マンガから医学書まで！　ついに日本語の翻訳家へ

仕事を辞めて、再び就職浪人になってしまったものの、学生時代からずっとやってきたマンガの翻訳アルバイトをしながら、面接のチャンスを待つことにしました。当時の台湾、特に台南のような地方都市では、フリーランスで在宅職というワークスタイルに対する認知がありませんでした。ですから、大学を卒業しても就職できない息子がいると近所の人たちから見られないよう、昼間はなるべく外出せずに、夜になってこそこそ出かけていました。両親に恥をかかせたくなかったからです。

当時の私は、実際、頭を抱えて悩んでいました。両親の言うことを聞かず、家庭内革命まで起こして、念願の日本語学科に入ったのに、他の学生と同じように就職先が見つからず、家でマンガの翻訳アルバイトしかできない自分は**とても恥ずかしい**と思いました。

でも、翻訳のアルバイトは、きちんと仕事をこなせば、収入的には同じ世代の会社員より悪くはないので、このままアルバイトと考えるのではなく、本業にしてもいいかもしれないとだんだん考えるようになりました。そして、いくつかの翻訳会社や出版社に自分の履歴書を送ったところ、学生時代からすでに翻訳実績を持っていたことを評価され、すぐ仕事の依頼をもらえるようになりました。

その後、医学週刊誌からの翻訳人材募集の告知を見て、すぐ応募しました。大学院時代の修論で高齢者介護について研究していたので、**医学や薬学に関する日本語の資料や書籍を読んでいたことが活かされました**。医療専門用語も頭に入っていたので、選考も無事パスして、3年間、医学週刊誌の翻訳を担当しました。

翻訳業から執筆活動へ

私が翻訳のアルバイトを始めたのは2004年頃からです。翻訳という仕事は、ただの言語の転換ではなく、ことばのニュアンスや文章の内容をうまく読者に伝えるため、さまざまな資料を調べながら、日本語の文章を中国語に転換していくことです。これほど自分の大好きな日本語を活かし、勉強しながらできる仕事はありません。しかも、自分の研究テーマを翻訳に活かせるので、仕事は楽しく、本当に幸せでした。両親が期待するような意味での社会人にはなれませんでしたが、これほど自分に合っている仕事はないと思っています。

こうしてフリーの翻訳家としての経験を積み始めてしばらくした頃、私の人生をさらに大きく変える出来事がありました。それが、この章の最初に書いた**日本のクスリを台湾人読者向けにわかりやすく解説する出版企画でした。**

企画の経緯や内容についてはすでに書いたのでここでは触れませんが、出版社に企画が通ったのは2010年の年末のことでした。翌年3月、最初の取材のため、東京に行く予定が東日本大震災で大きく狂わされたのは、すでに述べたとおりです。その後の私の仕事についても、その他の章ですでに書いています。多くの方に助けられながら、いまの私があることを強く実感しています。

日本のファッション誌もお手本に

私は自分の本を執筆するうえでひとつのこだわりがあります。「取材をせず、根拠のないものは書かない」ということです。

大学院時代、私は日本人教師の研究室に通っていましたが、先生の教えのひとつが「根拠のないことを書かない。許可のないものを使わない」でした。ですから、私は自分の足を運んで、五感を活かし、実物を確認してからでないと、執筆しません。

日本に来ると、毎回必ず通っている店があります。店によって訪ねる目的は少し違います。

市場調査や情報収集のために通っている店が表参道のアインズ&トルペ原宿店です。2015年に新宿東口にも大型店舗ができたので、どちらも通っています。理由は品揃えがすばらしいから。特に化粧品については、ドラッグストア向けの定番商品だけではなく、バラエティショップでしか扱わない個性的なコスメブランドや一部の百貨店ブランドが揃っています。さらに、日本各地から取り寄せたご当地コスメのコーナーもあります。

コスメ業界の友人に教えてもらった有楽町ロフトにも通っています。これまで多くのメーカーを取材してきた経験から、新製品の先行発売はロフトになることが多いのでは？　と気がついたからで、アンテナショップという位置付けです。ランキングによるトレンドを反映した品揃えのアットコスメストアも必ず訪ねます。

情報収集の場としてだけではなく、外国人観光客の買い物の様子を観察するのも好きです。外国人の買い物カゴの中身を見ると、いろんな発見があります。台湾人や香港人、中国人の違いは、しぐさやことばで私はすぐに見分けることができるので、それぞれどんな商品が人気かチェックしています。こうした一連の観察を通じて、それぞれの国や地域でこれから人気が出そうな商品をピックアップし、フェイスブックにアップしたり、コスメガイドの掲載リストに入れるかどうかを判断しています。

外国人観光客の買い物を観察するのに最適なエリアとして、昼間であれば上野のＯＳドラッグとマツモトキヨシがおすすめです。昼間は観光に出かけている観光客が、夜にいったんホテルに戻ってから買い物に出かけるケースも多く、20時以降（ピークはおそらく22～23時頃）、エリアとしては新宿東口のマツモトキヨシや歌舞伎町のダイコクドラッグがにぎわっており、面白いです。

日本の美容雑誌や美容業界誌も私の大事な情報源になっています。たとえば、『美的』や『美ｓｔ』、『マキア』、『ヴォーチェ』などは定期的に読んでいます。私にとって日本のクスリやコスメの情報収集は、仕事としてだけでなく、楽しい勉強の場でもあるのです。なお台湾では、ファッション誌の多くが日本の雑誌の翻訳版なので、台湾人女性の多くは日本のファッションをお手本にしています。

4章

日本を愛する「華人」の想い

あえて「華人《かじん》」と呼ぶ理由

本書の中で私は自分のことをたいてい「台湾人」と呼んでいますが、ときに「華人《かじん》」ともいっています。なぜそのように使い分けているのか、よくわからない人もいるかもしれません。

華人とは、海外在住で、移住先の国籍を取得した中国系の住民をさします。海外に移住していても、国籍を取得していない場合は「華僑《かきょう》」といって区別しています。これは中国を中心にした考え方です。ただし、これらの言い方にはデリケートな部分がありま す。一般に台湾人は、自分たちは中国系の人間だと思っていますが、だからといって海外に移住しているとは思っていません。台湾という自分の国に住んでいる。でも、それは台湾を中国の一部と考える現在の中国政府からすると、受け入れられない考え方だからです。

だから、私が華人という場合、広く「中国語を使う人たち」という意味で使っています。由来は「華夏子孫《ホアーシャーズスン》」です。華人はみな中国の最初の古代国家、夏王朝の子孫であるという考え方です。歴史上最初の王朝だから、現在どの政権が中国を支配していようと、台湾国内において政治的な立場が違おうと、誰にも文句を言えないだろうという面がある。祖先は同じなのだから、国籍や立場が違っても何も争う必要はないではないか、というわけです。

正直なところ、私はこういう問題をめぐって誰かと議論したいとは思っていません。私のような台湾の30～40代の世代の多くは、中学生の頃、歴史は夏王朝から学びました。いまの若い世代が学ぶ歴史教科書では、台湾の歴史として扱うのは概ね４００年くらいとされ、中国大陸と台湾を切り離した歴史を強調しているようですが、台湾人が中国大陸の歴史とまったく関係ないとは思いません。

一方、華人に対して「**中華民族**」という言い方もありますが、いまの中国が使う意味には違和感があります。中国のいう中華民族は、チベットやウイグルのような言語も宗教も異なる少数民族も含めた概念だからです。実際をいえば、中華民国を建国した当時は国民党も同じような概念を持っていたと思います。中国全土を統治しようと考えていたからです。しかし、１９４９年に国民党が台湾に逃れて以降、中国との交流がなくなったため、台湾の民衆にはそのような考え方はピンとこないのもおかしくありません。

私がいう「華人」というのは、日本語でいう「**中華圏（中国、台湾、香港など）の人たち**」に近いと思います。そこには私なりの含意があります。自らのアイデンティティを語るうえで台湾人というだけでは収まらないものがあるのです。私は台湾に住んでいると同時に華人でもある。中国語をベースにしている華人には、ある共通した考え方や見方があると思うからです。

どうして？ 日本人の「遊びに来てね」は理解不能

フリーの翻訳家としてこれまで多くの日本の書籍を翻訳し、毎月のように日本に通う生活をしている私にとっても、日本人はわかりにくいと思うことがよくあります。

特にわかりにくいのは、日本人とのコミュニケーションです。

たとえば、親しくなった日本人から「今度家に遊びに来てね」と言われたので、うれしくなって、数カ月後「今度日本に行くので家に遊びにいっていい？」と聞くと、用があるからと断られてしまうことがありました。そのとき、どうして？ 私は何か嫌われてしまうようなことをしてしまったのかなと急に不安になりました。

台湾人の場合、海外から友人が訪ねてきたら、なるべくその人の都合に合わせて時間を空けるようにします。きっと中国人もそうします。ところが、この話を仲のいい日本人に話すと、彼は「ホントに家に行く気だったの？」と言うのです。「その人の家庭にも事情があるだろうから」と。でも、彼が「遊びに来てね」と言ってくれたからなんだけど……。本当は、彼は自宅に来てほしくなかったのだろうか。頭の中が混乱してしまいました。

よく日本人は**本音と建て前**を使い分けるといいますが、これでは日本人が普段言っていることを信じていいのかわからなくなるばかりです。ある日本人からこう説明されました。「地方在住の人ならともかく、東京の住宅環境では、たいていの人がそんなに広い家に住んでいない。だから、十分なおもてなしができないし、ワンルームの自宅に来てもらうくらいであれば、外のカフェでゆっくり過ごしたほうがいいと考えるのだと思う」。

なるほどと思いましたが、ちょっとよそよそしい気もします。もっとも、海外に留学経験のある別の日本の友人は「いつ来るの？　うちに泊まれば」と気軽に言い、自宅に招いてホームステイさせてくれました。彼は外国人とのつきあい方を体験的に知っているので、一般的な日本人とは感覚が違うように思いました。でも、彼のような日本人は特別で、やはり日本人特有のモノの感じ方や考え方があるのですね。

一般に日本語のコミュニケーションには、**相手に期待させる表現が多い**ように思います。「また連絡するね」と言われると、私はいつ連絡が来るのか楽しみに待ってしまいます。「のちほど」という別れのあいさつも、数分後のことなのか、数時間後なのか、それとももっと先のことなのか。どのくらいの長さを意味するのか想像がつきません。「ちょっと考えさせてください」というのも、日本人がよく使うことばです。台湾人の感覚では、考えてくれる以上、前向きに考えてくれるのだと希望的に捉えるのですが、日本ではたいていそうではないようです。**台湾人や中国人は、できないことはできないとキッパリ言うことにためらいはありません**。その点、日本人は「ＮＯ」というのが苦手だといいますが、ダメならダメとはっきり言ってもらったほうがわかりやすいです。そうでないと、かえって不信感を相手に与えてしまいかねません。

そう言うと、別の日本人からこう言われました。「わかっちゃいるのだけど、日本人はぴしゃりと断ることができないんだよ」と。なぜなのでしょうね。

こういうとき、日本人との距離感はつかみにくいなあと感じます。私は日本語を10年以上勉強してきたので、ずいぶん日本人のことをわかっているつもりだったけれど、実際は難しいといまも思います。こういうとき、自分は華人だと実感します。華人にとって日本人はわかりにくいところがあるのです。

ミサイルを発射しようとする中国は怖かった

あるとき、中国人の友人に「どうやったら中国は台湾と仲良くできるだろうか」と聞かれました。彼は日本で知り合った中国人です。実は、私の同世代の中国の友人の多くは、日本で知り合った人たちです。たとえば、取材先のメーカーに勤める日本留学組。私が台湾人であることから、メーカーの担当者の中に同じ中華系の社員を対応させようとする意思が働くケースも多いのです。

彼らと話した印象は、みんな平和的な人たちだということです。決して攻撃的な人たちではない。それどころか、「台湾と仲良くするには」なんてことを考えていたのかと、ちょっと驚いたくらいです。

それは裏を返せば、彼らに出会うまで、私の中には「**中国は怖い**」というイメージが強かったということです。

私が中学生の頃、つまり1990年代半ば、台湾海峡ミサイル危機が起きていました。

台湾では80年代後半以降、軍事政権から民主化への移行が静かに進んでいました。その強い推進役だった国民党主席の李登輝が96年、初めての総統直接選挙で選ばれることを阻止したいと考えた中国は、台湾に対しておよそ信じられないような威嚇を繰り広げていたのです。台湾は中国の一部と考える中国政府は、台湾で国政選挙が行われることや中国からの独立志向の強い李登輝が政権を握ることを阻みたかったからです。結果は、台湾人の強い中国に対する反発が後押しし、李登輝総統が誕生しました。

当時の私は何が起きているのかよくわかっていませんでした。ただ毎日のように、**中国はミサイルの照準を台北市に合わせている**というような戦慄するニュースが流れていたので、本当に生きた心地がしなかったのです。

そのとき、私はこう考えていました。なぜ中国は台湾を攻撃しようとするのか。49年に中国共産党との内戦に敗れて台湾に拠点を移した国民党の総統だった蒋介石によって、再び中国全土を共産党の手から奪い返すという「反攻大陸」というキャッチフレーズがある時期まで叫ばれたのは確かですが、実際にそんなことは行われていなかったし、一般民衆にはまったく関係なかった。そんなことは誰も望んでいなかった。こちらは何もやっていないのに、なぜ中国は一方的に台湾を敵視するのか。まったく理解不能でした。

これでは中国が好き嫌いという以前に、怖いというイメージが焼きついてしまうのは当然でしょう。

80年代後半以降の民主化の流れの中で、中国への親戚訪問が解禁され、大陸を訪問する台湾人も増えていました。中国には親戚も多く住んでいるのだから、仲良くしよう、経済協力しようという気持ちは台湾人の側にもあったのです。ところが、ミサイル危機で台湾民衆の考え方が大きく変わったと思います。

それまで中国を特別嫌いだとは思っていなかった人たちも**距離を置きたいと考えるようになった**のです。歴史的には台湾を併合し、戦争を起こした日本が悪いという教育を受けていたものの、実際にいま台湾を攻撃してくるのは誰か。その実体験が、少なくとも私の世代までにはあるのです。これは当時大人だった人たちにもっと直接的な影響を与えたでしょう。台湾の株価が暴落し、経済に対する打撃も大きかったからです。

中国に対する台湾人のイメージは、**世代によって少しずつ違います**。一般に50代以上は中国を嫌いな人が多い。私の親の世代の60代は特に嫌いです。蔣介石の時代の反共教育を受けているからです。ミサイル危機で経済をめちゃくちゃにされたという怒りもあります。そして私の属する30~40代は、大人になって当時の事情を客観的に理解できるようになったので、怒りというより反発という感情が深く残っています。

しかし、若い10～20代の世代はもう少し中立に近い立場なのではないかと思います。いつミサイルが飛んでくるのか……。そうした怖ろしいイメージがどこかに残っている私の世代に比べると、いまの若い世代はそれほど中国に対する悪いイメージ一辺倒だとは思わないからです。この十数年、中国はそのような攻撃的な手は使わなくなりました。最近、台湾で中国のテレビドラマの放映が増えています。少しずつ中国の文化やいまの中国人の姿がわかるようになった。このまま中国がいまのやり方を続けるのなら、いまの若い世代が社会の主流になる頃、つまり20年後には中国に対する台湾人の感情も少し変わっているかもしれないと思うのです。

ただ、少し前まで私はそのように考えていたのですが、2016年1月の台湾総統選・立法院選の結果や14年の学生による立法院議場占拠からも見られるように、台湾の若い世代の「中国離れ」が指摘されるようになっています。中国が自分たちの考え方を押し付け、台湾の大切な価値観を変えようとしているとの危機感があるのです。

実は投票日の前日、韓国で活動するひとりの台湾人アイドル（16歳）が、テレビ番組出演中に台湾（中華民国）の旗を振ったことで中国から批判を浴び、謝罪させられるという一件がありました。**これを見た台湾の世論、特に若い世代の間で、反中、反韓の感情が一気に盛り上がったのです。**韓国の芸能事務所は、なぜ若い彼女を守らず、責任を押しつけたのか。あまりにも卑怯ではないかというわけです。

選挙結果は予想通りでした。国民党はもともと勝ち目がなかったのに、アイドル謝罪事件は致命的な一撃となりました。多くの台湾の芸能人が、みんな投票に行こう、と呼びかけたからです。

でも、今回の事件によって台湾の若い世代が大きく反中に傾いたのだとしたら……。私はそれを少し懸念しています。

「独立」か「統一」か、台湾人はバランスが最優先

一般に台湾では、自らの政治的な立場について**「緑」か「青」か**というイメージカラーで色分けします。「緑」は**独立志向の強いといわれる民主進歩党（民進党）**で、「青」は蒋介石による**台湾統治から続く国民党**です。

私のような30～40代の世代は圧倒的に「緑」の支持者が多い。いまや台湾社会の主流になっています。私も子供の頃から「緑」の思想が強かったのです。

しかし、大人になって社会の現実を知ると、国際的、経済的な台湾の立場も考えますし、また実際に中国人とつきあうようになると、少し考えが変わってきました。端的に

いうと、「青」に少し近づいた気がします。

ただし、「青」になりきることもできません。選挙でどちらを選ぶかと聞かれると、すぐには答えられない。

国民党側の「青」は、統一でも独立でもなく、立場がはっきりしていない。それに、反日の色が強い。それが私には同意できないのです。

一方、民進党側の「緑」の独立の主張は、多くの台湾人に支持されています。でも、個人的には**現状維持のままがいちばんいい**、私はそう感じています。そして「緑」がいいのは**親日的**なところ。これは多くの台湾人にとってイメージアップにつながるように思います。


実際、世論調査などのアンケート結果をみると、私のような**ある意味矛盾した立場が多いと思います**。「緑」の一部が好き、でも一部が嫌い。「青」の一部が好き、でも……。台湾人は常にバランスを考えているのです。

台湾経済は10年以上前から景気後退が続いています。だからこそ、08年の選挙で国民党に期待したのですが、結果は出ていません。それが民進党への政権交代につながっています。

現在、中国と台湾を結ぶ航空路線は約50都市にまで拡がっています。多くの中国人観光客が台湾を訪れるようになるずっと以前から、台湾人ビジネスマンは中国全土に投資し、経済活動を続けています。ですから、私は中台関係が良好であることは当然いいことだと考えています。

個人としての中国人が嫌いなわけではない

中国人というのはとてもストレートな人たちです。台湾人以上にそうです。彼らからよく「台湾人は中国人が嫌いですか？」と聞かれます。そんなことをいきなり聞かれても、こちらはびっくりします。でも、こうも思います。彼らはそんなことを気にしているのか。中国人はいつも偉そうで、小さな台湾のことなど鼻にもかけていない。台湾人がどう思っているかなんて気にしてない。以前はそう思っていました。

でも、どうやらそうではないらしい。そう思うと、中国人と友だちになってもいいかもしれないと思いました。もしかしたら、日本にいる中国人は、自分と同じように日本語を学んだ人たちという意味で、特別友好的な人たちだったのかもしれませんけれど。

台湾で出会う中国人といえば、台湾人男性と結婚した中国人女性が多いです。たいてい彼女たちはレストラン経営をしています。自分の出身地の地方料理を出す店です。彼女たちも平和的で、怖い人たちではない。しばらく台湾に住んで考え方が変わったのかもしれませんが、偏見の目でばかり見ていてはお互い理解し合うことはできません。

そんな彼女たちからも、ときに「台湾人は独立したい？」と聞かれることがあります。「えっ、なんで？」と私は聞き返します。台湾人と結婚した彼女たちでさえ、そんなことを気にしているのだなと意外に思ったからです。でも、よく考えると、台湾人と結婚したからこそ、いっそう台湾と中国との関係が気になるのでしょう。相手の立場になって考えるというのはそういうことです。

いまのところ中国は、台湾の一般民衆に対しては攻撃的な行動は取っていません。自分の周囲には中国嫌いは多いけれど、もっと彼らとコミュニケーションしたほうがいい。最近、私は中国人のことを誤解していたのではないかと思うようになっています。

私は個人としての中国人が嫌いなわけではありません。ところが、統一か独立かという議論が始まると、話が険悪になる。特に独立というと中国側を強く刺激する。これは悲しいことです。こんなことを言うと批判されてしまうかもしれませんが、私は中国に、台湾人の地位を認めてほしいと考えています。もちろん、その保証はどこにもない以上、現状維持を続けるほかないのだと思います。

日本にあって、韓国にないものとは

２０１２年12月に私の最初の日本のコスメショッピングガイド『東京ドラッグ&コスメ研究購入（東京藥妝美研購）』を出した後、読者からソウルの本も出してほしいという要望が届きました。そこで、翌年夏、韓国コスメを紹介するショッピングガイド『ソウルコスメ研究購入（首爾美研購）』を出版しました。

台湾ではいまでも韓流ドラマが人気で、特に10～20代の若い女性は韓国コスメを好んで購入します。日本製に比べて安く、路面店でよく売られています。私の姉のような40代の女性は、韓流ドラマは見ますが、なぜか韓国コスメは買いたがらない。旅行も日本には行きたがるけど、韓国には行こうとはしません。このあたりの台湾人の韓国に対する感情は微妙なところがあります。

ソウルに取材に行ったとき、日本と韓国の大きな違いを実感しました。第一印象として、**日本人には笑顔があるのに、韓国人にはない**。これはサービス業に従事している人たちの話ではなく、取材の際に会ったコスメ業界の人たちのことです。

日本ではどこの会社を訪ねても、基本的に担当者はニコニコして対応もいい。ところが、韓国の担当者はほとんど笑わない。日本語のわかる韓国人通訳に同行してもらったのですが、日本のような好意的なリアクションが感じられないのです。不思議なのは、日本の会社の場合、実際の自社製品をサンプルとして持ってきて説明してくれるのに、なぜか韓国の会社はほとんど紙の資料だけで説明しようとする。でも、これでは製品の良さがわからない。

韓国の会社は商品が小ロットで回転が速く、すぐにリニューアルされてしまうので、取材をして約半年後に本が出版される頃にはもう品切れで、再販されないというケースが多く、苦労しました。そのせいか、ソウルコスメの本は東京コスメの本と違い、重版されませんでした。

こうしたことから、日本の会社はロングセラーをつくりたいと考えているのに対し、韓国の会社はいますぐ売れるものをつくりたい。そのため次々とたくさん新製品を投入して、売れ筋だけ残していくという戦略なのだと感じました。日韓ではモノづくりに対する考え方、思いが違うと思います。

日本ではあまり知られていないかもしれませんが、**実は台湾と韓国は仲たがいすることが多い**です。政治的な背景もありますが、経済的にライバル関係にあることも大きい。特にＩＴ分野では競合関係にあるからです。

たとえば、２０１５年に盛んに繰り広げられたのがアイフォン論争です。アイフォンに使われているＣＰＵ（中央演算処理装置）は主に2種類あります。台湾製と韓国製です。ところがおかしなことに、台湾で販売されるアイフォンでは韓国製のＣＰＵが95％を占めていることが判明したのです。さらに、台湾製のＣＰＵのほうが韓国製より電池が長持ちするとの指摘が出て、韓国製を返品し、台湾製に取り替えてほしいと騒ぎになったのです。日本のアイフォンは台湾製ＣＰＵが多いといわれ、わざわざ日本で購入するという人も増えています。

実際、この問題を気にしているのは、台湾人くらいです。海外ではこの問題は騒がれていません。台湾人は韓国との関係になると、ちょっと熱くなりがちです。サムスンの携帯を使っていると、なぜ韓国製を使うのかと文句を言う人もいるくらいです。

スポーツでもよく韓国と論争になります。野球、ボクシング、古くはテコンドーなど、台湾人からみると韓国人はいつも判定でインチキしているように見える。そのことにみんな怒っています。おそらくスポーツでもライバル関係にあるからでしょう。

ですから、台湾人は日韓戦の場合、**必ず日本を応援します。これは絶対です。**サッカーなど台湾が強くないスポーツ大会の場合は日本戦を観ます。

日本でも韓国とのスポーツ対戦には熱くなるということを最近知りました。日韓の間に政治的な不和があることは知っていましたが、スポーツでもそうだとは。台湾と同じなんですね。だいたい日韓がサッカーワールドカップを共催したのも、私には理解できませんでした。なぜ日本が単独開催しなかったのか、多くの台湾人はおかしいと思っていました。

正直なところ、いまの台湾人が韓国人と仲良くするのは無理だと思います。国の方針も大きい。教育の影響もある。一般民衆の考え方はそう簡単には変えられない。難しいものですね。しかし、一部の女性の間では、韓流はまだ健在です。

「反日」になる理由はひとつも見当たらない

中国や韓国に対する複雑な感情に比べると、台湾人は日本に対する感情がいちばん良好です。

台湾では、基本的に反日的な教育はありませんでした。私が子供の頃の教科書は国民党がつくっていましたから、日本に対する非難と悪口ばかりの内容でしたが、祖父はまったく逆の話をしていました。正直なところ、子供心に戸惑いがまったくなかったかといえばウソになります。でも、１９３０年代生まれの祖父は「日本時代は治安が安定していた。次々に鉄道ができ、社会インフラが充実し、台湾の人々の生活水準が上がっていた。近代の基礎は日本がつくった」と言っていたのです。これは今日の台湾人にとって常識的な見方となっています。逆に、「国民党が入ってきて破壊ばかりした。だから、日本時代のほうが良かった」と祖父は言うのです。

国民党が台湾と中国の交流を遮断したことも大きかったと思います。それでも日本との交流はずっと続いていたからです。私は小学生の頃まで中国に関する情報を得る機会はほとんどなく、あっても中国は貧しく、教育程度が低いと教えられていました。一方、日本は豊かな先進国。アニメ文化も同時に入ってきた。そこにはマイナスの要素はほとんどなかった。だから、私は中国のことより、日本のことをずっとよく知っているのです。

台湾人には大きく2種類います。中国大陸から来た国民党の子孫である「外省人」と、私の家族のように日本統治時代から台湾に住んでいた「本省人」です。外省人の比率は全体の10％程度です。世代が変わり、いまではその区別が強く意識されることはなくなりましたが、一般に本省人は日本好きが多く、逆に外省人は反日が多いといわれます。中国で日本と戦争していた人たちの子孫ですから、無理もないことかもしれません。

私が学んだ教科書には、戦前日本人が中国大陸でひどいことをしたと書かれていましたが、ピンとこない話でした。国民党が日本と戦争したといっても、冷静に考えれば、台湾は日本に統治されていたわけで、台湾人は日本と戦争したわけではありません。私の知る限り、日本が台湾に対して攻撃的だったことはありませんが、中国はある時期まで台湾に攻撃的でした。そういう記憶のない若い世代も、私と同じように、中国で起きた出来事は台湾には関係ないと考えていると思います。**いまの台湾の若者に反日の感情が生まれる理由はまず見当たりません。**日本はあらゆる流行やファッション、生活文化に至るまで、私たちを虜にしている最新情報の発信地だからです。

台湾人には「他人ごと」と思えなかった東日本大震災

いまでも忘れられないことがあります。東日本大震災が発生し、古い日本の友人の住む岩手県気仙沼のまちが火災で燃えるのをテレビの映像で見たとき、私の目から思わず涙がこぼれたことです。

彼はまだインターネットが普及する前の学生時代に知り合った古い文通友だちでした。心配でたまらず、何度電話してもつながらない。1週間後、ようやく携帯に電話がかかると、彼は避難所にいました。

とても不思議な気持ちでした。日本は自分の国ではないのに、なぜ涙が出たのだろう。でも、きっと同じように感じた台湾人は多かったと思います。

東日本大震災のとき、台湾人は何を感じたのか。台湾メディアは東北一帯を襲った津波のショッキングな映像を繰り返し流していました。これは台湾に限った話ではないかもしれませんが、どの国のメディアもインパクトの強い映像を好むところがあります。これは偽らざる気持ちとして言いますが、**台湾人はこれを「他人ごと」とは思えなかっ**

た。台湾も地震が多い国だからです。その恐怖や困難を誰よりも深く感じ取ることができたのです。これは地震の少ない中国人や韓国人にはあまり理解できないことかもしれません。

よく日本人は東日本大震災のとき、台湾からの義援金がいちばん多かったと感謝のことばを伝えてくれますが、1999年9月台湾中部で地震（921大地震）が起きたとき、日本も救援隊を送って支援してくれたことを台湾人はよく知っています。

実際、台湾と日本はともに災害の多い国です。それは15年9月の鬼怒川決壊のときも強く感じました。2009年8月の台湾南部豪雨災害のとき、台南近郊の私の自宅は床上浸水になったという経験があるからです。あのとき、海に近い台南のまちでは腰まで水がきて、私は生まれて初めて家から軍隊のトラックに乗せられて避難所に運んでもらったのです。ですから、鬼怒川流域の被災地の皆さんのご苦労は生身でよくわかるのです。

もうひとつ思ったことは、本音レベルの話です。台湾人は日本製品を日常的に使っているので、もし日本の産業が壊滅したら私たちの生活も困ってしまう。早く復興してほしいという気持ちがありました。

台湾人の生活の中には日本製品があふれています。車はトヨタかマツダ。特に若い世代にはマツダが人気です。バイクはヤマハが人気。私の自宅にはバイクが4台あります。家族1人1台です。家の中にはパナソニックやソニーの家電製品。最近、無印良品が人気で、文房具や生活雑貨も日本製です。明治のチョコレートやブルボンのお菓子も大好き（コアラのマーチだけはタイ製ですけれど）。まちには松屋やロイヤルホスト、焼肉の牛角など日本の外食チェーンがあふれています。

さらにはアニメに代表される日本の文化やファッション、流行が大好きな台湾の若者は多い。もしこれで日本に旅行に行けなくなったらどうしよう。そんな悲しいことはないと本気で思ったのです。

「放射能怖くないの？」の質問に言い返したい

すでに3章で述べたように、その年私は最初の本の取材のために東京を訪ねる計画を立てていました。しかも、偶然にも震災の翌日にあたる3月12日に東京入りするフライトの予約を入れていたのです。

そのときの葛藤については繰り返しませんが、計画を新たに立て直し、5月に訪日したとき、当時の東京の様子を見てとてもショックを受けました。

まず成田空港のロビーには電気がほとんど点いていませんでした。その暗がりは多くの外国人にとって震災直後の日本の第一印象として記憶に残っています。都内に入っても、駅の電灯はどこも3分の1くらいしか点いていなかったし、蒸し暑い時期なのに、停電の影響でほとんどの百貨店で冷房があまり効いていませんでした。

これが東京なのだろうか？　それまで私はすでに30回以上日本に来ていましたが、こんな姿の東京を初めて見ました。

世界でいちばん便利で快適で安全な東京がどうしてこんなことになってしまったのだろうか……。

いまでも都内を歩いているとき、ふと当時を思い出して「いまはもう大丈夫。ああ良かった」と思うことがあります。

最近になっても、私のように頻繁に日本に行っていると、「放射能怖くないの？」と聞いてくる台湾人がいます。そんなとき、私は逆にこう答えます。「ちっとも怖くなんてない。むしろ福島に行きたい。自分の力を生かして福島のために何かしたい。被災地を応援したいんだ」と。だから、都内で福島県の物産展があると、必ずお土産を買うようにしています。当時は避難所暮らしだった気仙沼の友人もいずれ訪ねてみたいです。

こうして私は日本のいろんな姿を見てきました。先進的でいつもキラキラ輝いて見えた日本と、震災で傷つき萎縮してしまった日本。その両方を見たことで、日本のことがより深く理解できたのだとしたら、これも自分にとっては意味のあることでしょう。最初の本の取材と東日本大震災が重なってしまったという偶然も、いまとなってはドラマチックなめぐり合わせだったと感慨深く思っています。

「爆買いはいつまで続くのか」への答え

ところで、最近多くの日本人から「**この先爆買いはいつまで続くのか？**」とよく聞かれるようになりました。その質問について、私はいつもこう答えることにしています。**「少なくとも台湾では、これまでもずっとそうだったように、これからも日本製品を愛好し、買い続けると思います」**と。

そもそも台湾人が日本に旅行に来てまとめ買いするようになったのは昔からのことでした。一過性のブームなどではないのです。最近になって日本のクスリや美容・健康商品の魅力に気づいた中国人とは事情が違います。

１９９０年代に台湾人が日本で爆買いしていたことを当時の日本人はおそらく知らないでしょう。団体バスにツアー客全員が購入したお土産が収まりきらないから、もう１台バスをチャーターし、お土産専用車にして２台で連ねて走っていたという話もあったくらいです。ただそれが日本のメディアに注目されていなかっただけのこと。その様子はいまの中国人観光客そっくりか、もしかしたらそれ以上です。

最近中国人が好んで購入する炊飯器は、父の時代に台湾人がすごい勢いで買っていました。**いま台湾人が炊飯器を買わないのはまだ使えるからです。**台湾人の場合は、爆買いというより、日本製品を日用品とみているので、何度も日本に来て買い足しているという面もあるのです。

台湾では昔から日本や香港で売れ筋商品を仕入れて販売する代購業者もいたし、日系百貨店に行けば、手軽に日本製品を購入できる環境にあります。東急ハンズやプラザもあり、日本より価格は高いけど、どうしてもほしければ地元で買うこともできます。でも、日本のほうが安いから、旅行を兼ねて買い物に行くのです。

台湾人の生活は**日本製品に依存**しているといってもいいかもしれません。日本製品がなかったら、いまの豊かな生活が送れなくなるといったら言いすぎでしょうか。いえ、多くの台湾人はそのように感じていると思います。台湾社会には反日が盛り上がる要素はなく、中国のような日本製品不買など聞いたことがありません。台湾には日本企業も進出していて、台湾製の日本製品もありますが、日本に来やすくなったので、日本で買いたいという気持ちはますます強まるばかりです。

日本のメーカーがこれまでどおり、この先ずっと魅力的な新製品を開発し続ける限り、台湾人の爆買いは続くと思います。

中国人の勢いは減速する？　加速する？

では、中国人はどうかというと、彼らも台湾人と同じ華人ですから、いったん**日本製品の良さを知った以上、この勢いがすぐになくなるとは思えません**。先日合羽橋に行きました。３００円くらいの中国製と１０００円の日本製のジャガイモのスライス器がありましたが、私は迷わず日本製を買いました。たぶん中国人もそうするでしょう。わざわざ日本に来て中国製を買いたくないでしょうから。

２０１５年は約５００万人の中国人が日本に旅行に来たそうですが、もし評論家がいうように、中国経済が破たんして、経済状況が変わったとしても、もともと日本に旅行に来ている中国人は人口比率でみればほんの一握りの富裕な人たち。５００万人といっても人口の０・４％にも満たないのです。本来の中国の経済規模からすると、**もっと多くの中国人が海外旅行に出かける**ようになってても不思議ではありません。台湾のように２３５０万人の人口で１年に約３７０万人が日本を訪れるという状況とはまったく違います。なにしろ台湾に住む６人に１人が日本に旅行に来ていることになるのですから。これはすごい比率です。

最近、中国でも上海などの一部の経済先進地域では日本製品が買えるようになっています。彼らの中には、台湾人と同じように、ツアーではなく個人で日本を旅行する人たちも現れています。彼らもだんだん日本製品に対する詳しい知識を持った消費者になっていくのでしょう。でも、地方都市の人たちは日本製品に触れる機会がまだ少ない。だから、今後爆買いは地方の内陸都市から来る観光客がメインになるのではないでしょうか。

中国は広く、いろんな地方の人たちがいるので、一括りにしにくいですが、トータルでみれば、台湾人のトレンドを後追いするように、**これからも爆買いを続けていくに違いありません。**

危機を迎えつつある「日本式サービス」

最近、日本で買い物するとき、気になることがあります。外国人観光客が増えたため、家電量販店やドラッグストアに外国人従業員が多く採用されていることです。訪日外国人旅行者に占める中華圏の人たちの割合は全体の2人に1人といわれるほど大きいことから、中国人スタッフも多いです。中華圏の人たちの多くは日本語がわからないので、それもサービスの一環だとは思いますが、以前に比べて明らかに店内の雰囲気が変わってきたと感じます。

ある家電量販店でこんなことがありました。私がある商品を探していて、そばにいた中国人らしき女性スタッフに声をかけたところ、すごく雑な対応を受けたのです。もしかしたら、私が中国語で話しかけたのがいけなかったのかもしれません。

日本人スタッフなら、何か質問をされて自分ではわからなかった場合、「少々お待ちください」と答えるところ、その中国人スタッフは「そんなの知らないよ」と中国語で返してきたのです。ハッと驚いた私は「なぜ知らないの？」と聞くと、「そんなの自分はただの店員だからわからない」というのです。

これは日本のサービスじゃない……。そう思いました。

おそらく彼女も日本人客に対して日本語で応対するときは、そんな言い方はしないのではないか。ではなぜ同じ華人に対してはそんなにぞんざいなのか。とても不愉快になりました。日本人の店長は、中華系の客に対してはことばのわかる中国人スタッフをあてがえばいいと安易に考えているのでしょうが、それが逆効果になることもあるのです。

レストランでもそうです。最近、外食チェーンや中華料理店で中国人店員が働くケースが増えています。彼らの接客は少々荒っぽく、スープを入れたどんぶりをテーブルにバーンと置くので中身がこぼれてしまい、呆れたことがあります。中国ではそれでもいいかもしれないけれど、ここは日本です。一般に飲食店で働く中国人は日本語をきちんと話せない人も多い。彼らにしてみれば、決して悪気はないのでしょうが、台湾人が日本に来てこんなサービスを受けると本当にがっかりしてしまいます。こんな店来るんじゃなかった……。こういう経験は同じ華人同士の問題だけに、**日本人が思う以上に気分が悪いものなのです。**

おかしいのは中国人店員だけではありません。外国客の多い都心のドラッグストアでは、日本人用の普通のレジと外国客用の免税専用レジに分かれているところが増えています。そのとき気づくのは、免税専用カウンターでレジを打つ日本人スタッフには笑顔があまり見られないことです。もしかしたら中国人観光客が大量に商品をレジに持ち込み、長い列になっているので、休憩もしっかり取れず、うんざりしてしまったのでしょうか。それとも、外国語が話せず、日本的なコミュニケーションが伝わる相手ではないからとはなから思い込み、表情を消してしまっているのかもしれません。そのような無表情の接客は中国では普通のことですから、中国人はたいして気にしないに違いありません。でも、台湾人である私にはどうしてもそれが気になります。ここ数年、急激な勢いで訪日外国人観光客の数が増えたので、接客にあたる日本人の中には、少々お疲れ気味になっている人たちがいるのかもしれません。

日本で買い物するとき、気分がいいのは、日本人の接客に笑顔があるからです。無表情で商品を手渡されると、何か問題があるのではと思ってしまいます。よく中国人は「日本人は外面はいいが、あれは見せかけだけで、内心は違う」などと日本人に対して不信のまなざしを向けていますが、私はそうではないと思います。もちろん、誰でも気分の悪い日はあるでしょうけれど、日本人の笑顔はただのつくり笑いではない。日本人のいうおもてなしというのは、内から出るものだと私は信じています。

外国人観光客が増えたことで、ショッピング施設の売り場から**だんだん日本らしさが失われていく**ような気がして残念です。爆買いが話題となった2015年、それを強く感じました。

「つまらない品揃え」が跋扈《ばっこ》し始めた日本

店員の接客や店の雰囲気に加え、最近の外国人観光客の多いショッピング施設の売り場は、露骨に外国人向けの品揃えになってきていることも気になります。外国客が多いのだから仕方がないのでしょうが、私のように長く日本の売り場を観察してきた人間にとっては、まったくつまらない世界です。その品揃えでは、日本の売れ筋商品やトレンドが見えてこないからです。最近の都心のドラッグストアでは情報収集しづらくなったと感じ、足が遠のいています。

先日も有楽町の家電量販店に行くと、そこは案の定、中国人観光客ばかり。当然のように、免税カウンターの周囲には中国人向けの定番商品ばかりが置かれています。

でも、私がほしいのは、そんなものではない。日本人が普段買っている人気の商品や新製品です。そこには新しい魅力や発見があるからです。えっ、これは何だろう？　そうか、今年はこういう傾向の商品が人気なのだな。そういうドキドキ感がほしい。でも、だんだんそういう新鮮な出会いのできる売り場ではなくなりつつあるように思えてなりません。

爆買いで日本のメーカーや小売店は喜んでいるかもしれませんが、私のように日本のことをよく知っている外国人は、この状況について残念に感じているはずです。台湾のリピーターも同じ気持ちでしょう。

最近では、日本人の側も中国人と見たら商売相手としか考えなくなっているのではないか。それが相手にも見透かされてしまっているようでちょっと心配です。**そういう姿は本来の日本らしさとは思えません**。

そもそも観光の本質は何か。それはトキメキや新発見です。買い物だって同じです。でも、もし当たり前の定番商品しか店に置いてないなら、そこにはトキメキはない。

ドラッグストアでメモを片手にコスメを探す中国客

もっとも、買い物リストを手にして爆買いしている中国人観光客たちについても思うことがあります。店に来る前に買うものが決まっていて、何個買うとか、いくらで買ったとか、そんなことばかり考えているのだとしたら、それは旅行を楽しんでいるといえるのか。それとも仕事をしているのか……。なんてつまらないことでしょう。

そんなことを感じるようになって、最近ではなるべく日本人しかいないような、都心から少し離れた商店街を探して訪ねるようにしています。そこには中国人の団体客はいない。自分の商売柄という理由だけではなく、ひとりの旅行者として、私はそういうまちでないと楽しめないのです。これは旅慣れた台湾人はみなそうだと思うし、欧米などの旅行者も同じ気持ちでしょう。

外国人を喜ばせる必要はない

２０１４年夏、取材で大阪と京都に行ったのですが、特に3年ぶりの京都はずいぶん変わったと感じました。ここは本当に日本人のまちなのだろうかとちょっと残念に思えたのです。

外国人観光客の姿をどこでも見かけるようになったという理由からではありません。私がいちばんそれを感じるのは、お土産屋の品揃えを見るときです。

実際、京都の観光地に行くと、明らかに外国人向けとしか思えないお土産ばかりが並んでいます。たとえば、京都では抹茶のお菓子がやたらと多い。お土産屋の店内は壁一色抹茶色。日本人はそんなに抹茶が好きだったのでしょうか。チョコレートならまだしも、抹茶味のあられはどうなのか。ちょっと興ざめしてしまうのです。

日本をよく知らない外国人なら黙って買っていくかもしれません。彼らにとっては口に合うかどうかは別問題なのです。それが京都らしいということが大事なのですから。でも、そういうものは外国人しか買わないはずです。売られているのは、確かに日本製かもしれないけれど、中身は外国人向け。その光景を見ていると、とてもしらけてしまうのです。

確かに、こういうことが気になるのは、リピーターの多い台湾人くらいで、初めて日本を訪れた外国人はそれほど気にしないのかもしれません。

でも、私はこう思うのです。**そもそも日本製の商品は誰のためのものですか？　もともと日本人が日本人のためにつくったものだったはずです。**最近では外国人のニーズや嗜好に合わせたさまざまな商品やサービスを提供する企業も増えています。それらは確かに外国人を喜ばせているのかもしれないけれど、そんなお土産ばかりになることを日本人はどう思っているのでしょうか。とても気になります。私が本当にほしいのは、日本人が日本人のためにつくったものであって、外国人のためにつくったものではないのです。

２０１５年３月、金沢に行きました。そのとき、学生時代に初めて京都を訪れたときのような感動が蘇りました。これが本当の日本だと思ったのです。

金沢は外国人観光客がまだ少ないということもありましたが、落ち着いた日本があると感じたのです。金沢ではご当地コスメのショップをいくつか訪ねました。なかでも金沢の老舗の金箔屋から生まれた「まかないこすめ」は、私のコスメショッピングガイドの第１弾で、東京神楽坂の本店を紹介しています。北陸新幹線開通を記念して地元の金沢駅に店舗を出したそうです。いかにも伝統工芸が長く受け継がれてきた金沢らしいご当地コスメです。

仏壇に使う金箔を入れた美容液やハンドクリームなどのコスメが生まれたこと自体驚きですが、金箔屋の作業場で働く女性の肌の悩みを解決するために、自分たちで長い時間をかけてレシピを考案したことから誕生したというエピソードには感心してしまいます。和柄の品の良さを感じさせるご当地コスメらしいパッケージデザインもステキです。店舗によって異なる限定パッケージ商品があることもうれしい。台湾人は「限定品」に弱いからです。特に台湾の女性はコレクションマニアが多いので、「限定品」といわれるとつい手が出てしまいます。一般にマニアというと、日本人の場合は男性が多い気がしますが、台湾ではどちらかというと女性が多いのです。

日本の女性の間では「まかないこすめ」はかなり知られていると思いますが、外国人にはまだ知られているとはいえません。ご当地の素材を活かしたコスメのような日本ならではの地方発の商品を発掘し、紹介することができるのは、私にとって望外の喜びです。

笑うしかない「おかしな中国語表示」

最近、気になることといえば、もうひとつ。日本人はあまり気がついていないかもしれませんが、全国の観光地や家電量販店、ドラッグストアを含め、おかしな中国語の使われ方をした看板や標識、表示、商品コピーが氾濫していることです。

この点を指摘したとき、ある日本の友人がこんな話をしてくれました。かつて日本人も海外、特にアジアの国でおかしな日本語表示を見つけ、脱力感を味わいながらも面白がっていたというのです。それと同じことが、いまや日本でも起きているのだなあと。

確かに、台湾でもおかしな日本語表示があることは、私も知っていました。でも、日本語を知らない地元の台湾人はその間違い表記に気づいていなかった。それに気づくのは、日本人や日本語を学んだ台湾人だけでした。同じように、日本でそれに気づくのは、我々中華圏の人たちです。

以下、実際のケースを「直訳」で紹介してみましょう。中華圏の人々は、パッと見た瞬間、このように読んでいます。まずは単純に笑っちゃうものから。これは大阪のあるコンビニに貼られていた中国語表示です。

「早朝7時から深夜23時まで、あなたはコンビニ店をお買い上げできます」
（从清晨到深夜 你可以购买便利店 上午7：00～23：00）

これを最初に見たとき、私は「エーッ」と思わず声を上げそうになりました。なぜなら、購入できるのはコンビニの商品であって、コンビニ店舗の不動産物件ではないからです。しかし、この中国文はそう読めるのです。

次は某量販店の店内に貼られた告知文です。「万引きは犯罪です。発見次第、警察に通報します」と日本語では書かれているのですが、中国語の表記にはこう書かれていました。

「高さんは犯罪です。見つかると順番に警察マニアです」
（高是犯罪，找到在次序和警察通）

「？？？」
私はこれを見つけたとき、一瞬頭がポカーンとしました。だいたい「高」って誰だ？中国人の名字に高さんというのはよくありますが……。なぜこんな単純な間違いをしたのか、笑うしかありませんでした。

次は、ちょっと惜しい！という例。これもある量販店の表示です。

「私は銀聯カードが使えます」

（我可以使用银联卡　可使用 各种信用卡）

おそらく「当店では、（中国のデビットカードである）銀聯カードが使えます」と伝えたかったのでしょうけど、そう読めてしまいます。

最後の例も、かなりまずいことになっています。あるファストフード店が中国人向けにアルバイトの募集をしている告知文です。

「新しい船員大学を募集します」

（新的船员大学招募）

「1週2回、1日2時間から熱烈に歓迎します！」

（1周两次在1日从2小时起热烈欢迎！）

「毎週スケジュールを変更できます！」

（毎周能改变日程！）

「初めての時給の訪問ユーザー、安心してください、働けます」

（计时初次来访的用户放心，能工作）

「もし日本語が話せれば、はい、できます」

（如果日语能说的话，可以）

「たくさんの外国人向け仕事」

（许多的外国人工作）

ここで仰天なのは、最初の一文の「新的船员」です。「船員」すなわち「Ｃｒｅｗ（クルー）」という表現は日本ではアルバイトのスタッフという意味で一般化しているようですが、中華圏の人間には意味がわかりません。「船員」は文字通り船で働く人だからです。中国ではレストランなどのスタッフを募集する際、「服务员（服務員）」を使います。右記の和訳文だけだとわからないのですが、細かいニュアンスも含めると、それ以外にもつっこみどころ満載の中国文です。でも、もうやめましょう。

いまの日本に、こうしたおとぼけ中国語表示があふれているのは本当なのです。なぜこんなことになるかというと、考えられるのは、安易に翻訳ソフトに頼ってしまっているからではないでしょうか。

これがどれだけ深刻な問題なのかはなんともいえませんが、このままではいろいろ支障が出てくるケースもあるのではないかと思うときがあります。たとえば、高額なブランド品や化粧品のコーナーでこうした間違い中国語表示を見かけると、なかには**品質を疑いたくなる人も出てくるの**ではないか、と思うのです。信用に関わる問題といえるでしょう。

もうひとつ言いたいことがあります。一般に中国語表記には、台湾人や香港人が使っている繁体字と、中国人が使う簡体字の2種類があるのですが、最近の日本のショッピング施設では、中国人しか使っていない簡体字表記ばかりであることが、台湾人である私には少々不満です。これも中国人の爆買いがもたらした結果でしょう。理解はできます。ただし、何が不満かといえば、「繁体字と簡体字のどちらか一方を表記する」という問題は、誰がお得意様なのかという店側の姿勢にも受け取れるからです。

これは微妙な話ですが、一部の台湾人の中には簡体字を見ると、それが中国人向けのメッセージであるということから**目を背けたくなるという人たちがいます**。政治的な主張がどうこうというより、もっと直感的、生理的な反発をおぼえるところがあるのです。特に50代以上の台湾人は簡体字を読むことができない人が多いです。若い世代は中国のネットを通じて日本のアニメやドラマの簡体字の字幕を見ているため、なんとなく慣れていますが、年配の世代はそのような経験がないからです。そのため、台湾人は簡体字表記ばかりの店には足を運びたくないという心理があることを心のどこかで覚えておいていただきたいです。

中国語を学んだことのない人からすると、こうした話をされてもお手上げと思うかもしれません。でも、そんなに難しく考えることではありません。

最近では外国人観光客がよく利用するショッピング施設に中国人スタッフを置いていることが多いので、まずは彼らにチェックしてもらうことが必要でしょう。ただし、中国人だからといって安心してはいけません。中国人は出身地によって方言もあり、言葉の使い方が人によってずいぶん異なります。台湾人からすると、中国人の使う中国語はかなり違和感があります。ですから、地方による方言の違いも理解している正式な中国語翻訳会社に標準的な中国語表記を発注したほうがいい。そのうえで、台湾人や中国人にはそれぞれ異なる売れ筋商品を区別して、繁体字と簡体字の表示の使い分けまでできると、さすが！　と思います。

台湾こそが「爆買いの起爆剤」になる

これまで述べてきたとおり、台湾で流行したものは時間差を置いて必ず中国に伝わります。実は私の公式フェイスブックページ『日本薬粧研究室』の会員の中には中国人もけっこういます。中国では一般にフェイスブックは使えないはずなのですが、ＶＰＮ（バーチャル・プライベート・ネットワーク）を通じて私の発信する日本の商品情報をチェックしているのです。

私が「爆買いの仕掛け人」とか「火付け役」とか呼ばれるようになったのは、台湾人である私の書いた本が中国で刊行されてしばらくしてから、中国のネット上に「神薬（日本に行ったら買わねばならない12の医薬品）」と呼ばれる商品リストが流れたことがきっかけでした。このように、**台湾発の情報発信は、中国人の爆買いにつながる起爆剤となりうる可能性を大いに秘めています。**

ところが、最近の日本のメディアは中国人の爆買いばかりに注目するため、企業もそれを信じて、ＰＲ予算を中国向けに振り向けすぎではないかと感じます。理由はわかります。台湾などに比べれば桁違いに大きい中国市場に直接アクセスしたいと考えるからでしょう。

日本国内でよく見かける中国語のフリーペーパーも、大半は中国人向けの情報ばかりです。そこに書かれているのは、とにかく「うちの店に来て買い物してください」というチラシを集めたような内容です。しかも、載っているのは、リピーターなら誰でも知っていて、いまさらというようなスポットばかりです。正直なところ、すでに豊富な日本情報が流通している台湾人には魅力を感じません。台湾人は自ら情報を集めることができます。ですから、いまさら台湾人向けのフリーペーパーは必要ないのかもしれませんが、気になるのは、台湾人や香港人向けの繁体字版も中国人向けの簡体字版も同じ内容の記事を訳し分けているだけの場合が多いことです。これを見ると、すごくしらけてしまいます。

本来両者の求める情報や関心はずいぶん違うのに、**同じ内容では意味がない**と思うのです。初来日組が大半で、日本の事情をよく知らない中国人観光客を相手にチラシを集めたフリーペーパーを渡しても、彼らは団体で移動しているので、自分の好きな店を選んで買い物できるわけではないのです。一方、個人や小グループで動いている台湾人には、もっとリピーター向けの、ここにしか載っていないような独占情報がなければ満足しません。そうでなくても日々SNSを駆使して情報収集に余念のないのが台湾人だからです。

さらにいえば、台湾人と中国人では出没する場所が違う以上、配布する場所も違っていいはずなのです。台湾人の場合は、機内や空港から市内へのリムジンバスなどの移動中に読ませることが有効です。中国人の場合は、旅行会社を通じて直接ツアー客に渡さないとあまり意味がありません。最近、訪日外国人旅行者が増えて、東京や大阪のホテルは予約が取りにくくなっていますが、ホテルによって宿泊客の国籍や団体客と個人客の比率が違います。どんな宿泊客が利用しているかで、求められる情報は違うのです。現状を見る限り、いったい誰のためのフリーペーパーなのか、疑問を感じることが多いです。

やはり、外国人向けの情報発信は、やみくもに日本人だけで始めるより、自国の事情をよく知る外国人と手を組んで行わなければ大きな効果は生まないのではないでしょうか。

中国人に買わせるには、台湾を活用すべき

その意味でも、日本の企業はもっと台湾メディア向けのＰＲに力を入れてほしいと思います。台湾の特性をうまく活用してほしいのです。その背後に、台湾を越えた中華圏、さらには華人の枠を越えた世界への広がりがあるからです。

２０１５年に台湾を訪れた外国人は１０００万人を突破し、そのうち4割が中国人です。彼らは台湾のドラッグストアでも爆買いしています。最近、人気なのは台湾製の『我的美麗日記（私のきれい日記）』というフェイスパックですが、もちろん一緒に日本製品も購入していきます。また台湾のホテルはたいていケーブルＴＶと契約しているので、１００チャンネル近い番組があります。中国人観光客は自国では見られない台湾の番組をよく見るといわれています。その中には、日本の情報を扱う番組がとても多いことも知られています。

最近、私の公式フェイスブックページ『日本薬粧研究室』に大きな変化が起きています。15年はまさに飛躍の年で、1月には約2万人だった会員数が16年1月には4万7000人を超え、この1年で倍増以上の伸びを見せているのです。さらに興味深いことには、友だち申請を見ると、ずらりとタイ人が並んでいたりします。私はタイ語が読めないので、どういう理由なのか、最初はよくわかりませんでした。

最近タイ人もたくさん日本に旅行に来るようになったので、私の情報を参考にしたい人が現れてきたのかもしれません。私のフェイスブックは中国語と日本語併記なので、日本語を勉強しているタイ人が見つけてくれたに違いない。

そこで私に友だち申請してくれたタイ人会員に「どうして私のことを知ったのですか?」と尋ねてみました。以下のようなことがわかりました。

きっかけは14年12月のことでした。私は公式ページ以外に個人のフェイスブックとブログも開設しています。そこに、その年の夏頃に放映されたマツコ・デラックスさんの出演するバラエティ番組『月曜から夜ふかし』(日本テレビ)で観た秀逸のネタを投稿したのです。それは「ね」だけで通じる秋田弁という企画でした。これが台湾人だけでなく、タイ人をはじめとした日本語のわかる外国人にウケたのでした。この投稿に対する私個人のフェイスブックのシェアは９０００人となり、映像の再生回数も1年で70万回を超えたのです。これをきっかけに、多くの外国人が私の公式フェイスブックページの存在を知り、会員になってくれたのです。

私の質問に答えてくれたのは、ピポさんというタイのチョンブリー在住、30代の男性です。日本企業と関連する職場で営業担当をしていて、日本語の通訳として日本人のクライアントとのやり取りに参加することもよくあるそうです。「日本は先進的で安全な国」と語る彼は日本に対する憧れがあって、でも日本人の友人を直接つくるのは少し気後れするせいか、私のように日本の情報を発信している外国人にいろいろ教えてもらいたいのです。

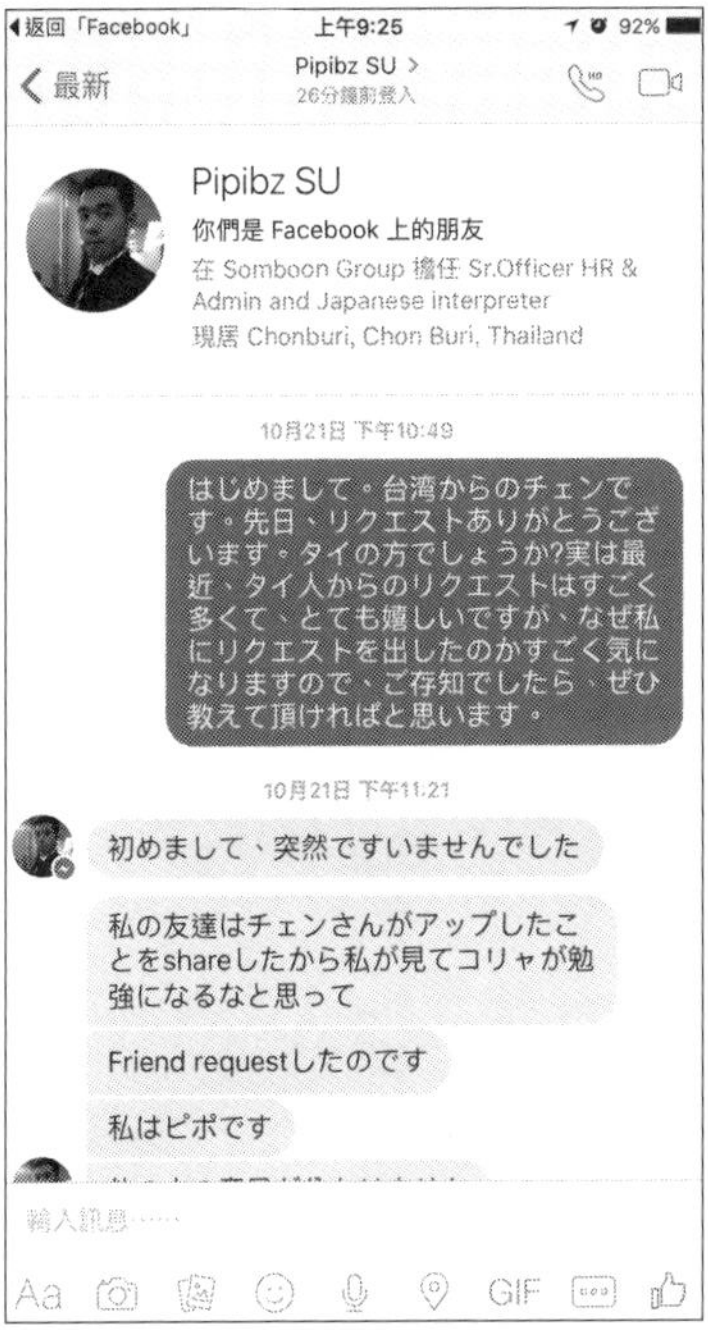

タイ人・ピポさんと台湾人・著者が日本語を使ってFacebookでやり取り

でも、よくよく考え

ると、台湾人の私とタイ人のピポさんが「日本語」でやり取りしているなんて、不思議な状況ですよね。それくらいアジア各国で日本の情報が求められている、ということの証明でもあります。

アジアには、日本ファンが無数に存在する

私のフェイスブックをフォローしているのはタイ人ばかりではありません。**台湾**がいちばん多く、続いて**香港、日本、マレーシア、シンガポール、タイ、中国**などです。年齢層では、**20〜40代が大半です**。

さらに、最近ベトナム人もぽつぽつ増えています。これらの変化について、私はこう分析しています。

台湾にはタイ人やインドネシア人、フィリピン人、ベトナム人など、東南アジアの労働者がたくさんいます。介護関係はインドネシアやフィリピン、建設労働者はタイやベトナムなど、彼らは業種によって国籍が違います。外国人労働者である彼らが台湾で働くのはせいぜい1〜2年ですが、台湾で生活していくうちに日本の製品に触れる機会が十分にあります。彼らは台湾で使っていいと思ったものは、シャンプーでも歯磨き粉で

も国に持ち帰るでしょう。それが日本製かどうかは意識していなくても、パッケージやロゴなどでその製品を認知するはずです。

彼らは自国に帰れば、必ずしも貧しい階層とはいえません。最近、台湾人の最低賃金より外国人労働者の平均賃金のほうが高いという皮肉な報道もあったくらいです。出稼ぎ労働者はその国ではそれなりに経済力を持っています。彼らはいますぐには日本に旅行に行くことはできなくても、**近い将来日本のファンになってくれる**可能性があります。台湾での出稼ぎの日々を通じて日本製品に触れるチャンスがあるのです。

台湾にモノや情報を投入すれば、その影響力は中国のみならず、東南アジアへと広がる可能性がある。いま日本で起きている爆買いも一過性の出来事というより、もっと普遍的な現象としてさらに広域に波及していくポテンシャルがあるのではないか。そう考えていただきたいです。

日本では、しばらく前から「チャイナプラスワン」という動きもありますが、投資は人件費の安いベトナムなどに偏り、台湾は素通りというのはいかにも残念です。世界で最も熱い日本ファンが大勢いる台湾をもっと活用してほしいのです。海外で日本ファンを増やすなら、まず台湾にフォーカスすべきです。それが台湾人であり、華人でもある私の力が最も発揮できる役割だと考えています。

日本を愛する台湾のフィルターを通じた**中華圏**、さらには**東南アジア圏**へと広がる伝播力をどうか信じてほしいのです。

日本人と外国人の掛け橋を目指して

最後に私の著書について紹介させてください。3月刊行のこの本は、日本のコスメショッピングガイドの第4弾です。

毎回本の中で、エリア特集とテーマ特集を組んでいます。今回のエリアは北海道です。亜熱帯気候で暮らす台湾人は北海道が大好きで、毎年多くの人たちが訪ねています。そこで、札幌の狸小路商店街を中心にドラッグストアマップをつくり、北海道ならではのご当地コスメと手土産を紹介しました。

すでに書いたように、私は多くの台湾人に日本の地方を楽しんでもらいたいと考えています。しかも、ただ観光するだけでなく、その土地ならではの「**ご当地コスメ**」を知ってもらいたいのです。地方に住む日本人とその土地を訪ねる台湾人、さらには多くの外国人にとって役に立つことをしたい。それが日本を愛する私の重要な役割だと思うからです。

その本ではテーマ特集として、「シートマスク」を選びました。台湾人は美容液がたっぷり含まれ、ひんやりとして心地よいシートマスクが大好きです。そこで、日本のドラッグストアやバラエティショップ、コスメ専門店、百貨店で販売しているシートマスク100種類をピックアップして、香りやテクスチャーだけではなく、シートの素材まで徹底的に分析。日本のスグレものをこれでもかと調べ上げ、写真入りで紹介しました。

実は、その本で私が最も重要な仕事だと考えているのは、**奈良県の伝統的な「配置《はいち》薬《やく》」**を紹介したことです。配置薬とは、明治時代以前から日本に残る民間医療のしくみで、「置き薬」とも呼ばれます。伝統的な風邪薬や胃腸薬などを救急箱の中に詰めて各家庭に置いてもらい、定期的に営業マン（昔はクスリ売り）が訪ねてきて、使った量だけ代金を回収し、新しいものを補てんしていくというものです。

奈良県とクスリの関わりはとても古く、奈良の都の時代から生薬が栽培され、なかでも大和当帰はいまでもこの地を代表する漢方です。奈良県ではこうした伝統的な地場産業を育て守るために「漢方のメッカ推進プロジェクト」を立ち上げました。

昨年夏、私は奈良県から声をかけてもらい、海外で奈良の伝統薬のPRに協力することに。奈良県のいくつもの古い配置薬メーカーを訪ねました。実際、奈良県は「富山のクスリ売り」で有名な富山県に次いで、配置薬が全国で2番目に普及しているそうで、東京では見たことのない伝統薬の存在を知りました。

本の中では、胃腸薬の『三光丸』や『フジイ陀羅尼助丸』、風邪薬の『風天狗』といった地元薬を取り上げています。これらの企業の一部には昔の製造工房を展示した博物館もあり、とても感動しました。**日本の家庭常備薬の歴史の奥深さ**をさらに知る機会となったのです。

出版後は、台湾で私が開催しているセミナーなどでも紹介しようと考えています。こういう日本各地にある地方の伝統と、それがいまなお継承されてきた歴史、さらには現在の姿を掘り起こすことこそ、私がいちばん取り組みたいことなのです。

これらは、ほんの一例にすぎません。今後も私は日本の情報収集にいっそう力を入れて取り組むつもりです。日本の良さをどんどんアピールしたい。**外国人と日本人の橋渡**

しをしたい。そのことで多くの日本人や台湾人が喜んでくれるのなら、私にとってこれほどの幸せはないのです。

解説にかえて

日本の良き理解者・鄭世彬

「日本の薬が好きなんです。興味があるんです！」

初対面の時から彼の情熱を感じました。日本人が保険医療に頼りきりになっている中で、何と海外から日本の家庭薬を認めてくれるとは大きな驚きです。私は即座に協力を約束しました。

そもそも医薬品は、製品と共に用法・用量などの情報を消費者が理解し、結果として安全に使用してもらってこそ意味があるのです。日本で販売された一般用医薬品の一部が海外で消費されるインバウンド市場の存在が明らかになった今、医薬品に関する情報を海外でも発信ができるのは又とない機会だと私は考えました。

そして台湾で初めて日本の一般用医薬品約600品目を収載した、彼の著作『日本講薬指南』が発売されたのが2013年2月。2015年に発刊された日本の家庭薬メーカー34社の歴史などを紹介した『日本家庭薬』は台湾でベストセラーとなりました。その他にも各種旅行雑誌の執筆など、今や彼は日本通のカリスマ作家と呼ばれるようになったのです。

日本で消費される医薬品は、その大半が医療機関向けで、僅か1割程が一般用医薬品なのですが、これは先進国の中では最も低い割合です。日本は世界で最も充実した国民皆保険制度を持ち、国民の多くが公平に医療サービスを受けられます。

ところが、少子高齢化や医療の高度化、そしてあまりにも国民が制度に頼り過ぎた結果、国民医療費は40兆円を超え、今や制度自体が危険にさらされているのです。これを解決するには生活者の意識改革によるセルフメディケーションの推進しかありません。

一方、日本の歴史を調べると、元々日本にはセルフメディケーションという意識が浸透していたことがわかります。普段から病気の兆候である「未病」状態から家庭薬で体の調子を整え、普段と異なる症状が出た時、初めてお医者さんにかかることが一般的でした。その後、明治時代以降の急速な近代化に伴って欧米から医療用医薬品が輸入されるようになり、昭和33年施改正の「国民健康保険法」により、国民皆保険体制が確立されたのです。

もちろん、台湾にも保険制度はありますが、日本以上に普段から薬局で相談している人々の姿をよく見ます。そしてセルフメディケーションの重要なパートナーとして日本の家庭薬が役立っているのです。何と日本のセルフメディケーション文化が残っていたのではありませんか。そうです。薬の爆買いは単に珍しいからではなく、昔の日本の薬文化が進化した姿かもしれません。

そして鄭氏は「爆買いの仕掛け人」のみならず、日本の歴史や文化、そして世界で最も企業寿命が長い日本の老舗企業の経営手法まで研究した、日本を愛する、良き理解者なのです。

日本家庭薬協会　副会長
株式会社龍角散　代表取締役社長
藤井隆太

鄭世彬さんとの出会い

2015年2月中旬、私は上海の書店で一冊の奇妙な中国書を目にした。『東京コスメショッピング全書（东京美妆品购物全书）』と題されたオールカラーのムック本で、旅行書籍のコーナーで異彩を放っていた。海外旅行が解禁されて十数年がたった中国では、世界一周旅行記や欧州でのヒッチハイク体験記など、ちょうど日本の1970年代に似た海外ひとり旅の体験を披露する旅行書が続々と現れていた。だが、日本の医薬品や化粧品のお土産購入指南という特定の消費分野に絞った、いわば80年代型のモノカタログ的なガイド書を見たのは初めてだった。

私はこれまで経済成長に伴い拡大するアジア各国の海外旅行市場をウォッチングしてきた。編集者として常に気にしていたのが、海外の同業者たちがつくる旅行書だった。それぞれのマーケットの特性や成熟度、嗜好を表すひとつの指標になるからだ。

帰国後、日本国内では春節で中国人観光客が「爆買い」する報道でにぎわっていた。当然、私はこの本と中国客とのつながりを直感した。あらためて著者プロフィールをみると、「台南人」とある。やはりそうか、この種の本を書けるのは、いまの中国人ではなく、80年代から長く日本の旅行に親しんできた台湾人だったろうと納得した。

とはいえ、いったいこの本はどんな動機でどのような人物によって書かれたのか。また読者はどのような人たちなのか……。さまざまな問いが頭をめぐり、私はネットで「鄭世彬」という名を検索した。すぐに彼のフェイスブックページが見つかった。そこで、簡単な自己紹介を添えて彼にメッセージを送ることにした。すると、わずか数分後、彼から返信が届いた。

以上が私と鄭世彬さんの出会いの経緯である。その先も早かった。彼は3月上旬、新刊の取材のために来日するという。フェイスブックで友だち申請してから10日後のことだった。

都内の宿泊先に近い小さな喫茶店で話を聞いた。最初に私はこの本の執筆動機について尋ねた。すでに著書のある専門家にする質問である以上、出版の内容とその狙いを問うビジネストークのつもりだったが、彼は意外にも自分の少年時代の日本語との出会いを話し始めた。

話を聞きながら、どうやら彼はマーケティングとかコンサルティングという領域の人ではなく、作家性をもった人物であると思った。数日後、幕張メッセで開かれていた日本ドラッグストアショーを視察する彼に同行した。すでに彼は多くの日本の医薬品メーカー関係者の知己を得ており、貴重な情報収集の場だったことを知った。彼の取材に協力を惜しまなかった日本家庭薬協会のブースを訪ねると、レトロな家庭常備薬のパッケージが並ぶ展示の片隅に、彼が同年1月に台湾で出版した『日本家庭薬』が置かれていた。そのとき、彼は自分がいちばん出したかったのはこの本だったと語った。

同書は日本の家庭薬がこれほど人々の生活に根づき、今日のドラックストアに見られるように文化として花開いた背景に、１００年以上続く老舗企業の存在があり、その歴史を日本の医薬品を愛好してやまない台湾の読者向けに紹介する内容だった。これを聞いて、少々大げさかもしれないが、彼はこれからの日本にとって大切な人になるだろうと私は確信した。

鄭世彬さんは、日本の医薬品や化粧品、美容・健康商品の専門家であると同時に、自ら「爆買い」する消費者であり、日本における「爆買い」の現場をよく知るフィールドワーカーでもある。何より驚くべきは、彼の発信する情報が十数億という人口を抱える中華圏に広まり、「爆買い」客を誘引したことだ。

そんな彼が本書で語る「爆買い」に関する認識は我々に多くの知見を与えてくれる。華人にとって「爆買い」は本能である。面子、関係《グァンシー》、血縁を大切にする文化的背景に加え、根っからの商売人気質ゆえに誰もが転売業者のような買い方をする。それがネットとSNSによって想像を超えた拡散効果と購買の連携を生み、中華圏のみならず、東南アジアへと伝播する可能性も示唆している。

台湾人の中国観や日本に対する熱い思いも正直に語ってくれた。彼と出会ってこの1年、この本をつくるために何度も会い、話し合った時間はとても有意義なものだった。うれしいことをずいぶん言ってくれるけど、少々買いかぶりすぎじゃないか……。このところ自信をなくしかけていた多くの日本人はそう感じたかもしれない。だが、東日本大震災のときに彼がこぼしたという涙に私もほろりとさせられた。この心優しき台湾人作家の日本に対する信認を知るとき、我々はもっとしっかりしなくちゃと思うのである。

中村正人（インバウンド評論家）

鄭世彬 著作集（2012年〜2015年）

■**『東京ショートトリップ＆クスリ購入マップ：外用薬編**（東京小旅及保健採購地圖：外用藥篇）』（2012年2月5日刊　大康出版社）
東京観光のついでにドラッグストアに立ち寄り、そこで購入すべき医薬品を紹介する内容。
■**『同：内服薬編**（内服藥篇）』（2012年7月16日刊　大康出版社）
続編の「内服薬」編。
■**『東京ドラッグ＆コスメ研究購入**（東京藥妝美研購）』
（2012年11月20日刊　晶冠出版社）

第1弾の「東京コスメショッピングガイド」。日本のコスメや美容商品をメインに900点以上の商品をジャンル別に選んでカタログ風に分類し、解説した台湾初の案内書。この本は日本の人口の5分の1に過ぎない台湾で1万部以上売れた。
■**『日本購薬指南：OTC医薬品辞典**（日本購藥指南：OTC醫藥品事典）』
（2013年2月4日刊　訂閱出版社）

日本の優れたOTC（市販の）医薬品を紹介する本。
■**『ソウルコスメ研究購入**（首爾美研購：攻陷人氣榜的美妝就要這樣買）』
（2013年8月27日刊　晶冠出版社）

ソウル版も出してほしいとの声があり、つくった韓国版コスメガイド書。
■**『東京ドラッグ＆コスメ研究購入2**（東京藥妝美研購2：東京藥妝搜查最前線 嚴選東京藥妝不可錯過的新掀貨！最夢幻！超逸品！）』（2013年12月31日刊　晶冠出版社）
「東京コスメショッピングガイド」の第2弾。第1弾の内容を一新。日本のドラッグストアやバラエティショップで売られる商品をメインに紹介。エリア特集として人気ブランドを扱う百貨店が集まっている銀座を特集した。コスメ口コミサイトの「@cosme」の担当者も取材。
■**『東京コスメショッピング全書**（东京美妆品购物全书）』
（2014年4月刊　中国軽工業出版社）

2011年に台湾で出した『東京ドラッグ＆コスメ研究購入（東京藥妝美研購）』の版権を中国の出版社が買い、中国で発売された簡体字版。
■**『ソウルコスメショッピング全集**（首尔美妆品购物全书）』
（2014年4月刊 中国軽工業出版社）

同じく『ソウルコスメ研究購入（東京藥妝美研購）』の中国版。
■**『日本回遊：関東編 Go ！ Japan Again ！ 食べて＋泊まって＋遊んで＋買って＋めぐって　極私的な60の提案**（日本回遊：關東篇 Go ！ Japan Again！食＋宿＋遊＋買＋逛，日本旅遊回頭客私藏的60個定番提案！）』
（2014年6月18日刊　帕斯頓數位多媒體有限公司）

日本在住の外国人によるインバウンド情報発信チーム「JAPANKURU」のメンバーと一緒につくった日本旅行ガイド。東京の細かい街ネタを詳しく紹介。那須高原などの地方取材も敢行。
■**『日本家庭薬**（日本家庭藥：34家日本藥廠的過去與現在，老藥起源×歷史沿革×長銷藥品）』
（2015年1月10日刊　帕斯頓數位多媒體有限公司）

これまでの仕事のひとつの集大成として、日本の老舗家庭薬メーカー34社を取材してまとめた創業ストーリーを紹介する内容。
■**『日本ドラッグ＆コスメ研究購入**（日本藥妝美研購：一本東京・大阪・金澤 藥妝控必備的爆買攻略）』（2015年7月28日刊　晶冠出版社）
コスメショッピングガイドの第3弾。金沢など地方のご当地コスメを紹介。

※2016年3月、通算13冊目となるコスメガイドシリーズの第4弾を台湾で出版する予定。

爆買いの正体

2016年2月24日　第1刷発行

著　者　鄭 世彬
構　成　中村正人

発行者　土井尚道
発行所　株式会社　飛鳥新社
〒101-0003 東京都千代田区一ツ橋2-4-3　光文恒産ビル
電話（営業）03-3263-7770（編集）03-3263-7773
http://www.asukashinsha.co.jp

装　幀　井上新八

編集協力　林 建志（日本薬粧研究室）
芦沢岳人（TWIN PLANET）
協　力　TWIN PLANET
校　正　山口智之

印刷・製本　中央精版印刷株式会社

ISBN978-4-86410-471-5

編集担当　三宅隆史